Walther Ziegler

Foucault
in 60 Minuten

Dank an Rudolf Aichner für seine unermüdliche und kritische Redigierung,
Silke Ruthenberg für die feine Grafik, Angela Schumitz, Lydia Pointvogl, Eva Amberger,
Christiane Hüttner, Walburga Allgeier, Dr. Martin Engler für das Lektorat
und Dank an Prof. Guntram Knapp, der mich für die Philosophie begeistert hat.

Wir sind [...] eingeschlossen in das Räderwerk der panoptischen Maschine, das wir selber in Gang halten – jeder ein Rädchen. [1]

Bibliografische Information der Deutschen Nationalbibliothek:
Die Deutsche Nationalbibliothek verzeichnet diese Publikation in der Deutschen
Nationalbibliografie; detaillierte bibliografische Daten sind im Internet über www.dnb.de
abrufbar.

Umschlaggestaltung und Grafik des gesamten Buches: Silke Ruthenberg
unter Verwendung von Illustrationen von:
Raphael Bräsecke, Creactive – Atelier für Werbung, Comic & Illustration (Zeichnungen)
© JackF - Fotolia.com (Bilderrahmen)
© Valerie Potapova - Fotolia.com (Bilderrahmen)
© Svetlana Gryankina - Fotolia.com (Sprechblasen)
Herstellung und Verlag:
BoD – Books on Demand, Norderstedt

ISBN 978-3-7504-1276-7

Inhalt

Foucaults große Entdeckung

Michel Foucault (1926-1984) ist der wohl schillerndste Philosoph des 20. Jahrhunderts. Er gilt als einer der ganz großen Poststrukturalisten, lehnt selbst aber jede Zuordnung ab. Sein Denken, so Foucault, passe letztlich in keine philosophische Tradition:

Ich bin ein Experimentator und kein Theoretiker. [2]

Wenn er ein Thema bearbeite, dann habe er im Unterschied zu anderen Philosophen keine Theorie, die er immer wieder anwenden könne:

> Ich denke niemals völlig das Gleiche, weil meine Bücher für mich Erfahrungen sind [...]. Ich schreibe nur, weil ich noch nicht genau weiß, was ich von dem halten soll, was mich so sehr beschäftigt. [...] ich schreibe, um mich selbst zu verändern [...]. [3]

Foucault war in der Tat ein sehr eigenwilliger Denker, was bereits seine Buchtitel bezeugen: *Wahnsinn und Gesellschaft, Überwachen und Strafen, Die Ordnung der Dinge, Der Gebrauch der Lüste* oder *Die Sorge um sich*. Kaum ein anderer Philosoph hat die Diskussion der letzten Jahrzehnte intellektuell so beflügelt wie Foucault. Zwar hat er keine eigene Denkrichtung oder Schule gegründet, dafür aber gehört er zu jenen Philosophen, deren Bedeutung nach ihrem Tod nicht nachgelassen hat. Im Gegenteil – je weiter wir uns zeitlich von ihm entfernen, umso größer wird die Brisanz seiner Philosophie. Dieser Umstand ist erfreulich und bedenklich zugleich. Erfreulich, weil Foucaults zentraler Gedanke ganz offensichtlich bis zum heutigen Tag lebendig geblieben ist, bedenklich, weil eben dieser Kerngedanke etwas Beunruhigendes und Alarmierendes hat:

> [...] der Mensch verschwindet wie am Meeresufer ein Gesicht im Sand. [4]

Der Mensch, so Foucaults dunkle Prognose, wird langsam und unaufhaltsam verschwinden. In den völlig überfüllten Hörsälen am Collège de France, der Elite-Universität von Paris, verkündet er als junger Professor mit gerade mal vierzig Jahren seinen staunenden Studenten

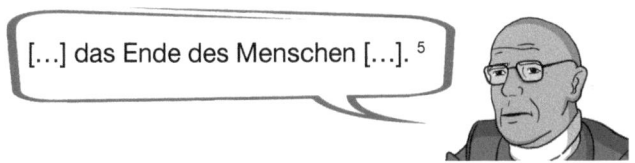

> [...] das Ende des Menschen [...]. [5]

Foucault meint damit allerdings nicht, wie man zunächst vermuten könnte, dass die menschliche Gattung ausstirbt, etwa durch einen Atomkrieg oder die Folgen der Klimaerwärmung. Nein – der Tod des Menschen vollzieht sich gemäß Foucault keineswegs mit einem Paukenschlag, sondern lautlos, geradezu unmerklich und von innen heraus. Es ist kein physischer, sondern ein psychischer Tod. Foucault will uns zu verstehen geben, dass der Mensch, so wie wir ihn kennen, nämlich als freies, selbstbestimmtes und spontan lustvolles Wesen langsam verschwinden wird. Er löst sich auf in den Diskursen und Strukturen unserer Zwangsgesellschaft – und zwar auf dieselbe unspektakuläre Art, wie ein in den Sand gezeichnetes Gesicht. Mit jeder Welle verliert es an Kontur.

Damit widerspricht Foucault radikal der üblichen Einschätzung, dass der moderne Mensch im Gefolge der Aufklärung immer mehr zu sich selbst findet und immer größere individuelle Freiheiten genießt. Unsere Welt, so Foucault, würde keineswegs durch den wissenschaftlichen Fortschritt und den Humanismus kontinuierlich besser werden. Das Gegenteil sei der Fall. Zwar sei der Mensch in der Epoche der Aufklärung angetreten, um sich selbst mit Hilfe der Wissenschaft und der Kraft des erkennenden Subjekts von allen Zwängen der Natur und der Religion zu befreien, doch am Ende hätte sein angehäuftes Wissen das genaue Gegenteil bewirkt:

Wenn das Wissenwollen heute seine größten Ausmaße annimmt, so [...]

verleiht [es] dem Menschen keine sichere und ruhige Herrschaft über die Natur; im Gegenteil, es [...] zerstört die schützenden Illusionen; es vernichtet die Einheit des Subjekts; es befreit in ihm alles, was auf seine Auflösung hinarbeitet. [6]

Das entfesselte Wissenwollen des Menschen führt zwar gemäß Foucault seit der Aufklärung zu großen technischen Fortschritten. Auch befreit es uns von den mittelalterlichen Illusionen und vom Aberglauben, gleichzeitig aber erzeugt es anstelle des alten Irrationalismus neue, rationale Strukturen, die gerade, weil sie rational begründet sind, die Freiheit des Menschen unerbittlicher beschränken, als jemals zuvor. Die neuen rationalen Erkenntnisse der Wissenschaft und der damit einhergehende Humanismus bringen nur scheinbar eine Verbesserung, in Wirklichkeit sind sie Macht gewordenes Wissen, ein stählernes Korsett, das die Gesellschaft als Ganzes erfasst und diszipliniert.

Der Mensch steuert also mit der Entfesselung seiner Vernunft, ohne es zu wollen, planmäßig auf seine eigene Selbstauflösung hin. Für Foucault ist das 17. und 18. Jahrhundert das eigentlich verhängnisvolle Zeitalter. Hier beginnt die „Abschaffung des Menschen". Die Wissenschaftler machen nämlich jetzt den Menschen selbst zum Forschungsobjekt. Es entstehen die sogenannten Humanwissenschaften, unter anderem Biologie, Psychologie, Psychiatrie und Kriminologie, die ein ganz neuartiges und systematisches Wissen vom Menschen hervorbringen. Die Wissenschaft liefert erstmals exakte Definitionen über normales und abweichendes, gesundes und krankes, natürliches und perverses Verhalten. In ganz Europa entstehen jetzt Anstalten, um die Wahnsinnigen aus der Mitte der Gesellschaft zu entfernen:

So musste erst ein bestimmtes Wissen über Wahnsinn und Nichtwahnsinn, über Ordnung und Unordnung vorhanden sein, damit Ende des 18. Jahrhunderts überall in Europa die großen Einschließungszentren entstehen konnten [...]. [7]

In seiner, Aufsehen erregenden, Doktorarbeit *Wahnsinn und Gesellschaft* zeigt Foucault, dass Menschen mit abweichendem Verhalten im Mittelalter und der frühen Neuzeit über Jahrhunderte hinweg toleriert wurden. Zwar hat man sie auch schon früher in den Dorfgemeinschaften als Faktotum, Dorftrottel oder obskure Gestalten verspottet und ausgelacht, aber gleichzeitig geduldet. Im 17. und 18. Jahrhundert werden sie nun aber von einem Heer von Wissenschaftlern in medizinischen Nachschlagewerken als Wahnsinnige definiert und in Irrenhäusern konzentriert. Ab diesem Zeitpunkt beginnt, so Foucault wörtlich, die „große Gefangenschaft" des Wahns.[8] Der Wahnsinn wird jetzt von der Vernunft abgespalten und als gefährliche Unvernunft definiert. Erst durch diese wissenschaftliche Festlegung wird der Irre unwiderruflich zum Irren:

> Der Irre kann [...] nicht für sich wahnsinnig sein, sondern nur in den Augen eines Dritten, der allein die Vernunfttrübung von der Vernunft zu unterscheiden vermag. [9]

Doch dabei bleibt es nicht. Auf der Grundlage wissenschaftlicher Erkenntnisse werden im 17. und 18. Jahrhundert nicht nur psychiatrische Anstalten errichtet, sondern erstmals auch gigantische Massengefängnisse. Überall herrscht jetzt der Strafvollzug. Zwar gab es auch in den Jahrhunderten zuvor schon Burgverliese und Kerker, in denen Missetäter und Feinde eingesperrt wurden. Auch hat man einzelne Täter gerne in Käfigen oder am sogenannten Pranger, einem Schandpfahl zur Schau gestellt. Aber die massenhafte Internierung zehntausender Straftäter in sogenannten Zuchthäusern, ist, so Foucault, eine sehr moderne Errungenschaft.

In seinem meistgelesenen und berühmtesten Werk mit dem bezeichnenden Titel *Überwachen und Strafen* beschreibt Foucault die Einführung eines neuartigen, rational perfektionierten Gefängnismodells durch den Juristen und Sozialphilosophen Jeremy Bentham. Dieser hat 1756 das sogenannte „panoptische" Gefängnis entworfen, in dem alle Zellen konzentrisch um einen Mittelturm angeordnet sind. Der Wärter kann um sich herum alle Straftäter durch einen engen Schlitz sehen, diese umgekehrt aber nicht den Wärter:

[...] im Zentralturm sieht man alles, ohne je gesehen zu werden. [10]

Zwar kann auch der Wärter niemals alle Zellen gleichzeitig im Auge behalten, es genügt aber, so Foucault unter Verweis auf Bentham, dass die Gefangenen wissen, dass sie theoretisch jederzeit von ihm gesehen werden könnten. Sie verhalten sich dann von ganz alleine so, als wären sie unter ständiger Beobachtung. An die Stelle der Disziplinierung tritt die Selbstdisziplinierung. Zur Dauerüberwachung kommt im modernen Strafvollzug noch die totale Kontrolle über Körper und Psyche durch strenge Zeit- und Ablaufvorgaben. Getaktete Klingelsignale geben vor, wann aufgestanden, gearbeitet, gegessen, geschlafen oder Körperertüchtigung durchgeführt wird – alles unter ständiger Lokalisierung der Gefangenen im panoptischen Raum. An dieser Stelle formuliert Foucault seine wohl provokativste und bekannteste These:

> Das panoptische Schema ist dazu bestimmt, sich im Gesellschaftskörper auszubreiten, [...] zu einer verallgemeinerten Funktion zu werden. [11]

Das Gefängnis mit seinen Disziplinierungstechniken des Sehens und Gesehenwerdens wird also gemäß Foucault zum Vorbild und Kern unserer gesamten Zivilisation. Der Lehrer blickt vom erhöhten Pult auf die Schüler, die Chefs vom erhöhten Glaskasten auf die Fabrikarbeiter. Das System des panoptischen Gefängnisses breitet sich in alle Lebensbereiche des gesellschaftlichen Körpers aus:

[...] es dient zur Besserung von Sträflingen, aber auch [...] zur Belehrung von Schülern, zur Überwachung von Wahnsinnigen, zur Beaufsichtigung von Arbeitern, zur Arbeitsbeschaffung für [...] Müßiggänger. [12]

Der moderne Mensch wird in der Schule, der Kaserne, den Behörden, den Anstalten für Geisteskranke, am Arbeitsplatz und selbst als Arbeitsloser durchgehend lokalisiert, datenerfasst und in feste Abläufe gezwungen. Unsere modernen Institutionen sind genau wie Benthams Gefängnis perfekte Disziplinierungssysteme, um unbequeme Individuen auszugrenzen und alle anderen präventiv in Schach zu halten. Denn auch die nicht oder „noch nicht" von der Gesellschaft Ausgeschlossenen wissen, dass sie bei abweichendem Verhalten jederzeit dieses Schicksal teilen werden. Die scherzhaften Feststellungen „Du spinnst doch" oder „Pass bloß auf, sonst holen dich die Männer in den weißen Turnschuhen" enthalten so gesehen eine nicht unbedenkliche Wahrheit.

Die bewusste oder unbewusste Sorge, selbst als Abnormaler oder Delinquent in psychiatrische- oder Besserungsanstalten eingeliefert zu werden, erzeugt, so Foucault, einen permanenten Anpassungsdruck. Auch das für Anstalten typische Gefühl, unter dauernder Beobachtung zu stehen, prägt inzwischen den Alltag von Millionen Menschen in unserer Gesellschaft.

Diese Auflösung des Menschen und der menschlichen Freiheit in der Zwangsgesellschaft ist für Foucault letztlich das Ergebnis eines langen Prozesses, den er wie ein „Archäologe" freilegt und dokumentiert. In seinem philosophischen Hauptwerk Die Ordnung der Dinge und in weiteren Schriften bezeichnet er sich selbst als Archäologen, insofern er die tieferen Schichten des Wissens jener Epochen ausgräbt, die am Ende die eherne Struktur unserer heutigen Gesellschaft bilden und somit die „Ordnung der Dinge" bestimmen:

Mit „Archäologie" meine ich [...] ein Forschungs-
feld, das etwa folgendermaßen aussieht:

Kenntnisse, philosophische Ideen und
Alltagsansichten einer Gesellschaft,
aber auch ihre Institutionen, die
Geschäfts- und Polizeipraktiken oder
die Sitten und Gebräuche [...]. [13]

Jede Gesellschaft, auch die unsrige, verfügt also,
gemäß Foucault, über ein implizites Wissen, man
könnte auch sagen, über eine herrschende innere
Wahrheit, die alle Institutionen und Individuen der
Gesellschaft durchdringt und steuert. Wahrheit und
Macht sind dabei für Foucault keine voneinander
isolierten Bereiche:

Wichtig ist, so glaube ich, daß die Wahrheit
weder außerhalb der Macht steht noch ohne
Macht ist [...]. Die Wahrheit ist von dieser Welt;
in dieser wird sie aufgrund vielfältiger Zwänge
produziert [...]. [14]

Wahrheit ist also nichts zeitlos Gültiges, sondern wird von den verschiedenen Gesellschaften erst produziert. Die im alten Griechenland produzierte Wahrheit war beispielsweise eine andere, als in der mittelalterlichen Feudalgesellschaft oder in unserer modernen Demokratie. So gab es im antiken Griechenland die unumstößliche Wahrheit, dass Sklaverei etwas ganz Natürliches ist und leibeigene Sklaven zu jedem guten Haushalt gehören. Selbst Aristoteles und Platon fühlten sich noch dieser Wahrheit verpflichtet. Heute produzieren wir eine andere Wahrheit. Deshalb kann Foucault sagen:

Jede Gesellschaft hat ihre eigene Ordnung der Wahrheit, ihre „allgemeine Politik" der Wahrheit […]. [15]

Doch genau diese jeweilige Wahrheitsproduktion ist verhängnisvoll. Denn die „Ordnung der Wahrheit" bestimmt in der Gesellschaft alle öffentlichen und privaten Diskurse. Sie legt fest, was gedacht oder gesagt werden kann. Aus dieser zwingenden objektiven Struktur gibt es gemäß Foucault für den einzelnen

Menschen kein Entkommen. Hier ist Foucault ganz und gar Strukturalist. Unser gesamtes Lebensgefühl, unser Selbstbewusstsein, ja sogar unsere Lust und Sexualität ist zutiefst von der gesellschaftlichen Wahrheitsstruktur und der entsprechend verordneten „Politik der Wahrheit" geprägt. So ist unsere Sexualität kein ursprüngliches oder natürliches Bedürfnis mehr, über das wir verfügen, sondern ebenfalls ein Produkt machtvoll gesteuerter Diskurse:

> Daher wird es darauf ankommen, zu wissen, [...] durch welche Kanäle [...] die Macht es schafft, bis in die winzigsten und individuellsten Verhaltensweisen vorzudringen [...] und auf welche Weise sie die alltägliche Lust durchdringt und kontrolliert [...]. [16]

In seinem vier Bände umfassenden Werk *Sexualität und Wahrheit* [17] geht Foucault dieser Frage nach. Über welche Kanäle steuert die Macht unsere Verhaltensweisen? Wie greift sie auf unsere Sexualität zu? Er lädt uns ein, mit ihm in die tiefsten Schichten unserer gesellschaftlichen Wahrheitsproduktion abzutauchen:

> Was mich betrifft, so kam ich mir wie ein Fisch vor, der [...] weiter unten, dort, wo man ihn nicht mehr sieht, [...] einer tieferen, kohärenteren, vernünftigeren Bahn folgt. [18]

Letztlich entwickelt Foucault seinen Kerngedanken in drei großen Schritten: Als erstes gräbt und forscht er wie ein Archäologe nach alten Überzeugungen, Denkfiguren und Institutionen, die im Laufe der Zeit unsere heutigen moralischen und wissenschaftlichen Einstellungen hervorgebracht haben. In einem zweiten Schritt kritisiert er diese Wissensformation, da sie viele Menschen ausgrenzt, uns alle von unseren Bedürfnissen abschneidet und sogar unser Menschsein absterben lässt. In einem dritten und letzten Schritt versucht er trotz des Ausgeliefertseins an die Zwangsgesellschaft, ein Konzept für eine Lebenskunst zu entwerfen, die uns zumindest ein Stück weit mit unseren Bedürfnissen und unserem Menschsein versöhnen kann.

Wie sieht diese Lebenskunst aus? Ist es überhaupt noch möglich, als einzelnes Subjekt aus der Zwangsgesellschaft auszubrechen? Stirbt der Mensch? Hat Foucault mit seinem berühmten Gefängnis-Paradigma recht und wir alle fühlen uns durchgehend beobachtet? Gipfelt gerade unser digitales Zeitalter in Überwachung und Selbstdisziplinierung? Kein Zweifel – Foucaults Gedanken sind von beunruhigender Aktualität.

Foucaults Kerngedanke

Archäologie des Wissens: Wie wir wurden, wer wir sind

Foucault hat seine eigene philosophische Herangehensweise in den Büchern *Archäologie des Wissens* und *Die Ordnung der Dinge* folgendermaßen beschrieben. Es komme ganz entscheidend darauf an, als Philosoph und als Mensch keine Vorurteile zu haben. Wir müssen, so Foucault, die Wirklichkeit der Welt so erkennen, wie sie sich von sich selbst her zeigt. Das bedeutet, wir müssen das wirkliche Wissen einer Zeit zu Wort kommen zu lassen. Und das geht am besten, indem man wie ein Historiker oder Archäologe wirkliche, echte Dokumente, Ausgrabungsfunde, Kunstwerke und Chroniken von Ereignissen und Institutionen einer Epoche studiert und dann die gemeinsame Struktur beziehungsweise das verbindende „Dispositiv" des jeweiligen Wissens offenlegt. Foucault hat in seinen Büchern tatsächlich eine Vielzahl von Urkunden, Gefängnisbauplänen, literarischen Werken und Chroniken aus verschiedenen Epochen ausgewertet, bis hin etwa zur Beschreibung der Vierteilung eines Vatermörders:

> Solch ein Forschungsstil ist für mich deshalb interessant, weil dabei das Problem vermieden werden kann, ob die Theorie der Praxis vorausgegangen ist oder umgekehrt.

> Ich behandle Praktiken, Institutionen und Theorien auf derselben Ebene [...] und suche das gemeinsame Wissen, das sie möglich gemacht hat, die Schicht des konstitutiven historischen Wissens. [19]

Die bisherige Philosophie, so Foucault, hätte entweder idealistisch nur die Theorie ernst genommen und das Wissen einer bestimmten Epoche einzig und allein an den bedeutendsten Ideen, also den Gedanken der Könige, Philosophen und Genies festgemacht oder umgekehrt nur materialistisch die ökonomischen und sozialen Verhältnisse berücksichtigt, die dann vermeintlich alles andere bestimmen.

Beides sei aber falsch. Letztlich, so Foucault, müsse man sich einzig und allein an die tieferen Strukturen des Wissens einer Epoche und ihrer institutionalisierten Wahrheitsproduktion halten. So gesehen war Foucault durch und durch Strukturalist. Mit Gleichgesinnten kritisierte er deshalb schon während seiner Studentenzeit Sartres existenzialistische These, wonach der Mensch absolut frei entscheiden könne und auf der anderen Seite die These von Marx, wonach die Entscheidungen und Überzeugungen der einzelnen Subjekte nur die Folge ihrer wirtschaftlichen und sozialen Lage seien:

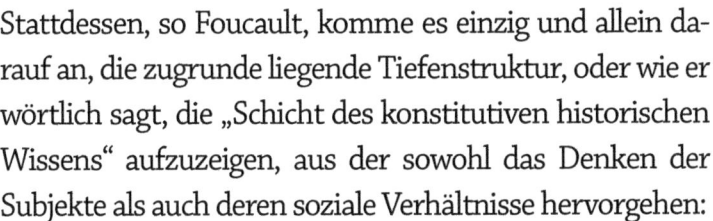

Wir erkannten damals, dass […] es nicht ausreichte, bald mit den einen zu sagen, das Subjekt sei radikal frei, bald mit den anderen, es sei von den sozialen Bedingungen determiniert. [20]

Stattdessen, so Foucault, komme es einzig und allein darauf an, die zugrunde liegende Tiefenstruktur, oder wie er wörtlich sagt, die „Schicht des konstitutiven historischen Wissens" aufzuzeigen, aus der sowohl das Denken der Subjekte als auch deren soziale Verhältnisse hervorgehen:

Kurzum, es geht darum, dem Subjekt [...] seine Rolle als ursprüngliche Begründung zu nehmen, und es als variable [...] Funktion des Diskurses zu analysieren. [21]

Das Subjekt, also der Mensch, ist in Foucaults strukturalistischer Betrachtung nicht länger der Ursprung und der Begründer neuer Gedanken und Entwicklungen, sondern nur noch eine „variable Funktion des Diskurses". Das bedeutet, wir äußern als einzelne Subjekte zwar unsere Meinungen, aber wir können sie eben nur in der Weise äußern, wie es der Funktion im herrschenden Diskurs entspricht. Wir können immer nur das sagen, was sich innerhalb der Grenzen des vorherrschenden Diskurses sagen lässt:

[...] im Wahren ist man nur, wenn man den Regeln einer diskursiven „Polizei" gehorcht, die man in jedem seiner Diskurse reaktivieren muß. [22]

Unter „Diskurs" versteht Foucault also nicht nur das konkrete Gespräch zwischen Menschen, sondern immer auch die darin mitschwingende Macht- und Wissensformation der jeweiligen Gesellschaft. Denn diese beeinflusst uns ganz entscheidend:

> Ich setze voraus, daß in jeder Gesellschaft die Produktion des Diskurses zugleich kontrolliert, selektiert, organisiert und kanalisiert wird [...]. [23]

Auch unsere vielgerühmte freie Meinungsäußerung ist letztlich, so Foucault, eine Illusion. Sie wird nämlich fundamental von der jeweiligen Diskurswirklichkeit geprägt und ist somit keineswegs so frei, wie wir es gerne hätten. Jeder individuelle Diskursbeitrag erfolgt nur innerhalb bestimmter gesellschaftlich konstituierter Strukturen, wie der Grammatik unserer Sprache, den Sitten und Gepflogenheiten unseres Landes, dem politischen System, der gelernten Moral, der gängigen Überzeugungen, der pädagogischen Erziehungsstile, der vorherrschenden Ästhetik und somit all der Axiome, die wir gerade für wahr halten – kurzum innerhalb der Struktur des „konstituierenden Wissens" unserer Zeit. Dieses konstituierende Wissen verändert sich zwar von Epoche zu Epoche, es bestimmt aber durchgängig den Charakter der Diskurse. Dabei ist das jeweils produzierte Wissen nicht die Wahrheit, sondern nur das, was in den Diskursen der jeweiligen Epoche gerade als wahr gilt:

> Die Diskurse der Geisteskrankheit, der Delinquenz oder der Sexualität sagen uns nicht, was das Subjekt ist, sondern nur, was es innerhalb eines bestimmten, ganz und gar besonderen Wahrheitsspiels ist. [24]

In den Diskursen der Indianer wurden beispielsweise geistig Verwirrte bestaunt oder verehrt. Man glaubte nämlich, sie wären vom göttlichen Geist Manitus berührt. In mittelalterlichen Diskursen betrachtete man sie als vom Teufel besessen und beauftragte Exorzisten mit der Austreibung. Heutzutage gelten sie gemäß der gängigen Diskurswahrheit als psychisch krank und ein Heer von Ärzten macht sich an die Arbeit, sie zu therapieren. Nach Foucault erfahren wir aber in allen drei Diskursen nicht, was die betroffenen Subjekte wirklich sind, sondern nur das, als was sie im jeweils herrschenden Diskurs betrachtet werden. Auf dieselbe Weise wie die Indianer Nordamerikas oder die mittelalterlichen Exorzisten, geben auch unsere heutigen Psychiater nur jenes Wissen wieder, das unserem derzeitigen Diskurs mit seinem ihm zugrunde liegenden konstituierenden Wissen entspricht:

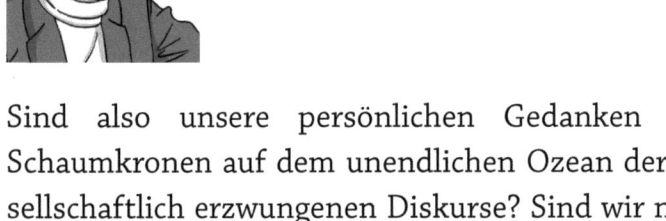

Der Diskurs ist die Gesamtheit erzwungener und erzwingender Bedeutungen, die die gesellschaftlichen Verhältnisse durchziehen. [25]

Sind also unsere persönlichen Gedanken nur Schaumkronen auf dem unendlichen Ozean der gesellschaftlich erzwungenen Diskurse? Sind wir nach Foucault nur Marionetten der Strukturen des „konstituierenden Wissens"?

Wir sind es und wir sind es nicht. Foucaults Denken ist eine Gratwanderung. Einerseits enthüllt er mit großer Nüchternheit als „Archäologe" die eisernen Diskurs- und Wissensstrukturen, denen wir alle auf

Gedeih und Verderb ausgeliefert sind und die uns als Subjekte formen, andererseits macht er am Ende seiner Beschreibungen dann doch noch etwas sehr Verblüffendes. Er beschreibt nämlich unser heutiges Wissen, unsere heutige Wahrheitsproduktion beziehungsweise die vorherrschende Struktur unserer Diskurse derart provokativ, dass wir sie als Leser so einfach nicht hinnehmen können und hinnehmen wollen. Er ist also zunächst reiner Deskriptivist und beschreibt nur, aber seine Beschreibungen zwingen uns am Ende dann doch zur kritischen Auseinandersetzung mit dem Beschriebenen. Mit seinen Ergebnissen erschüttert er nämlich unsere Überzeugungen, indem er uns die Herkunft und Engstirnigkeit dieser Überzeugungen entschlüsselt und vor Augen führt. Und genau darin, also im Erkennen der eigenen strukturellen Determiniertheit, liegt, so Foucault, zu guter Letzt zumindest die Chance auf ein mögliches Umdenken:

> Es gibt im Leben Augenblicke, da die Frage, ob man anders denken kann, als man denkt, und anders wahrnehmen kann als man sieht, [...] unentbehrlich ist. [26]

Und weil wir durch das Verstehen unserer Determiniertheit, an den Gitterstäben unserer Strukturen rütteln können, sind wir nicht nur gutgläubige oder ohnmächtige Gefangene der herrschenden Überzeugungen, sondern können versuchen, uns selbst und unser Denken zu verändern:

Der „Versuch" – zu verstehen als eine verändernde Erprobung seiner selber [...] – ist der lebende Körper der Philosophie [...]. [27]

Aufgrund dieser Wissenskritik zum Zwecke der „Veränderung seiner selber" gilt Foucault als Poststrukturalist. Zwar geht es ihm genau wie den klassischen französischen Strukturalisten zunächst einmal nur darum, systematisch neutral und ohne jede Wertung die Bedingtheiten unseres heutigen Wissens und die entsprechenden Diskurse zu beschreiben, aber seine Ergebnisse sind am Ende derart provokativ, dass sie den Horizont strukturalistischer Betrachtung sprengen. Sie gipfeln in einer fulminanten Kritik unserer aktuellen Wissensproduktion und deren Ausgrenzungs- und Unterwerfungstendenzen. Indem er diese beim Namen nennt, sind sie natürlich noch keineswegs beseitigt, aber es klafft ein erster verräterischer Riss im Schleier ihrer Legitimität.

Wahnsinn und Gesellschaft – die Ausgrenzung der Unvernunft

Bereits in seiner über fünfhundert Seiten umfassenden Doktorarbeit mit dem Titel *Wahnsinn und Gesellschaft* gelingt Foucault ein erster großer Wurf. Er beschreibt darin die Struktur unserer abendländischen Vernunft anhand ihres Umgangs mit dem Wahnsinn. Dabei enthüllt er nicht nur die aktuellen Kriterien, mit denen unsere moderne Wissenschaft die Wahnsinnigen beziehungsweise psychisch Kranken von den Normalen trennt, sondern auch den Umgang mit dem Wahnsinn in früheren Epochen. In der Renaissance beispielsweise sei die Gesellschaft gegenüber dem Wahnsinn noch sehr „gastfreundlich" gewesen. Die Irren, wie man damals sagte, wurden nicht einfach weggesperrt, sondern in ihrer Andersartigkeit weitgehend akzeptiert und toleriert:

> Diese Welt vom Anfang des siebzehnten Jahrhunderts ist auf eigenartige Weise gastfreundlich gegenüber dem Wahnsinn. [28]

Kurzum, Foucault beschreibt die Genese der modernen Vernunft anhand der Abgrenzungsversuche zu ihrem Gegenspieler – dem Unvernünftigen und dem Verrückten. Wenn wir nämlich erst einmal verstehen, was in der jeweiligen Zeit als „irr", „verrückt" oder „wahnsinnig" gegolten hat und wie man mit den Wahnsinnigen umgegangen ist, dann wissen wir auch, was jeweils als vernünftig gewertet und praktiziert wurde. Der Wahnsinn und der Umgang mit ihm ist, gemäß Foucault, ein unbestechlicher Indikator der Vernunft, sei es als Spiegelbild oder als das von der Vernunft Ausgeschlossene und Abgespaltene:

> *Gegenüber* der Vernunft ist der Wahnsinn von doppelter Art; Er ist zugleich *auf der anderen Seite* und *unter ihrem Blick.* [29]

Der Wahnsinn ist also einerseits auf der anderen Seite, also das der Vernunft Entgegengesetzte, andererseits steht er unter ihrem Blick, also unter der ständigen Beobachtung der Vernunft. Letzteres ist für Foucault von entscheidender Bedeutung. Denn nur aus der Beobachterperspektive der Vernunft beziehungsweise der Wissenschaft ist der Wahnsinnige wahnsinnig:

Den Wahnsinn findet man nicht im Naturzustand. Der Wahnsinn existiert nur in einer Gesellschaft, er existiert nicht außerhalb der Formen [...], die ihn isolieren, [...] ausschließen oder gefangen nehmen. [30]

Einzig und allein auf dem Hintergrund einer präzisen Definition dessen, was vernünftig ist, kann der Wahnsinn als unvernünftig erkannt werden:

[…] der Wahnsinn […] ist totale Vernunftlosigkeit, die man […] auf dem Hintergrund
der *Strukturen des Vernünftigen* wahrnimmt. [31]

Doch dies war nicht immer so. Im Mittelalter und der Renaissance, so Foucault, war der Wahnsinn keineswegs „totale Vernunftlosigkeit", die man bekämpfen oder tabuisieren musste. Im Gegenteil, es gehörte zum guten Ton, dass Könige, Fürsten und höhere Adelige einen Hofnarren hatten. Dieser genoss die sogenannte Narrenfreiheit und konnte respektlos jenseits von Vernunft, Logik und Etikette seine närrischen Wahrheiten sagen. Auch im Theater übte die Figur des Narren und der von ihm verkörperte Wahnsinn eine eigene Faszination aus:

Für den Menschen des fünfzehnten
Jahrhunderts haben die […] Phantasmen
seines Wahnsinns mehr Anziehungskraft
als die […] Realität des Fleisches […]. [32]

35

Das zeigen, so Foucault, auch die Werke von Malern wie Stefan Lochner, Matthias Grünewald, Pieter Bruegel und Hieronymus Bosch. Letzterer wurde beispielsweise vor allem für seine alptraumartigen und apokalyptischen Szenarien der Hölle verehrt: Kröten hocken auf Geschlechtsteilen, Gnome und Monster mit Köpfen von Fischen, Vögeln, Schweinen oder Raubtieren quälen und fressen ihre menschlichen Opfer. Oft durchbohren auch Pfeile den Anus der Gequälten. Was heutzutage aus psychiatrischer Sicht wohl als dringend therapiebedürftig eingestuft würde, galt in der Renaissance als bewundernswürdiges Faszinosum:

Auf allen Seiten faszinierte der Wahnsinn den Menschen. [33]

Nicht nur Maler und Narren, auch einfache Menschen mit abweichenden Verhalten oder geistiger Verwirrung wurden respektiert und geduldet:

Im Mittelalter und in der Renaissance erlaubte man den Irren, im Schoß der Gesellschaft zu leben. Der sogenannte Dorftrottel [...] wurde von den anderen ernährt und versorgt. [34]

Dies änderte sich radikal im 17. Jahrhundert. Mit dem Dekret von 1656 zur Gründung des Hôpital de Paris ließ König Ludwig XIV erstmals Irre, Verwirrte und bettelnde Herumtreiber in Hospizen einsperren. Pikanterweise, so Foucault, nützte man dazu die nach dem Verschwinden der Leprakrankheit leerstehenden Häuser:

Die Lepra verschwindet, die Leprakranken sind fast vergessen, aber die Strukturen bleiben. Oft kann man an denselben Orten zwei, drei Jahrhunderte später die gleichen

> Formeln des Ausschlusses in verblüffender Ähnlichkeit wiederfinden. Arme, Landstreicher [...] und „verwirrte Köpfe" spielen die Rolle, die einst der Leprakranke innehatte [...]. [35]

Die geistig Verwirrten spielten insofern die Rolle der Leprakranken, als sie genau wie die Aussätzigen von den Gesunden isoliert wurden. Foucault spricht vom Beginn der „großen Gefangenschaft". Auch die darauffolgende Moderne, also die Zeit nach der Französischen Revolution, bringt keine wirkliche Besserung. Die aufkommenden Humanwissenschaften sehen zwar die Wahnsinnigen in einem neuen Licht als „geistig Erkrankte", doch die Gefangenschaft bleibt. Die Psychiater wollen die Eingelieferten allerdings nicht mehr wie früher einfach nur wegsperren, sondern therapieren und wieder für den Arbeitsmarkt tauglich machen. So vertrat der französische Arzt Pinel im Zeitalter der Aufklärung bereits 1793, also kurz nach der Französischen Revolution, die Meinung, dass Wahnsinn kein Schicksal, sondern heilbar sei.

Aber auch der vielversprechende neue therapeutische Ansatz bedeutete in der Praxis, gemäß Foucault, keine wirkliche Humanisierung, sondern letztlich eine Fortsetzung der Repression. Der Wahnsinnige wird jetzt wissenschaftlich als Geisteskranker definiert, den man zur Vernunft bringen will. Psychiater wie Pinel setzen erstmals Zwangsjacken zur „Beruhigung" ein und versuchen mit Eisduschen und sich drehenden Liegevorrichtungen, die Durchblutung im Gehirn anzuregen, um dessen reduzierte Funktionen wieder in Gang zu bringen. Darüber hinaus hatte die Psychiatrie als neue Wissenschaft aber eine noch zweite, erheblich fatalere Auswirkung:

Diese Erfindung eines Ortes des Zwanges [...] ist ein wichtiges Phänomen. [...] Die Staatsführung duldet nicht länger die Unordnung in den Herzen. [...] Aber bei dieser

großen Gefangenschaft [...] ist das wesentliche und neue Element, daß nicht mehr das Gesetz verurteilt. [36]

Nicht mehr nur Gesetze, wie beispielsweise das Dekret zur Einweisung von Irren in das Hôpital de Paris, bestimmen, wer als Verwirrter eingesperrt wird,
sondern Wissenschaftler und Psychiater. In der Fol-
gezeit definieren und diagnostizieren die Mediziner
dann hunderte verschiedene psychische Störungen,
die alle therapiebedürftig sind:

Es genügen zwölf Jahre, damit die drei oder vier
Kategorien, in die man [...] die Geisteskranken
einteilte (Alienation, Geistesschwäche,

Tobsüchtigkeit oder Furor),
sich als ungenügend erwiesen,
um das ganze Gebiet des
Wahnsinns zu decken. Die
Formen vervielfachen sich [...]. [37]

Durch die Vervielfachung und Klassifizierung der
pathologischen Formen des Verhaltens, wird aber
gleichzeitig auch das normale Verhalten definiert
und ausformuliert. Denn mit genau denselben wis-

senschaftlichen Kriterien, mit denen Kranke, Wahnsinnige oder Unvernünftige hinter die Mauern der
Psychiatrie eingeliefert werden, definieren sich nun
auch die Menschen außerhalb der Mauern als normal, vernünftig und moralisch vorbildlich, eben als
das „Negativ" zu den Eingesperrten:

> In gewissem Sinne schließen die Mauern der
> Internierungshäuser das Negativ [...] ein [...]: eine
> moralische Gemeinschaft, die denen vorbehalten

> bleibt, die sich von Anbeginn ihr
> unterwerfen, [...] eine Art Souveränität
> des Guten, [...] wo die Tugend [...]
> keine andere Bedeutung hat, als der
> Bestrafung entgangen zu sein. [38]

Es gibt, so Foucault, in unserer heutigen Gesellschaft
einen großen Zwang, sich der moralischen Gemein-
schaft zu unterwerfen. Dieser Zwang ist bereits ver-
innerlicht und wird von den Eltern an die Kinder
weitergegeben. Es herrscht in der Disziplinargesellschaft ein unterschwelliger Zwang zur Konformität

und Normalität. „Sei vernünftig!" ist längst nicht mehr nur ein gut gemeinter Elternratschlag an ihr Kind, sondern der alles überstrahlende Imperativ unserer Gesellschaft. Doch genau das ist gemäß Foucault eine Fehlentwicklung, denn jede noch so gut organisierte Kultur benötigt den Wahnsinn als lebendigen Gegenspieler. Es sei ein Armutszeugnis, dass der Wahnsinn seit dem Ende des 18. Jahrhunderts nur noch in literarischer Form in den Werken einiger weniger Dichter zugelassen wird:

> Seit dem Ende des 18. Jahrhunderts manifestiert sich das Leben der Unvernunft nur noch im Aufblitzen von Werken wie Hölderlins, Nervals, Nietzsches oder Artauds, [...]
> weil sie durch ihre eigene Kraft jenem gigantischsten moralischen Gefangenendasein widerstehen. [39]

Auch die Dramaturgen des absurden Theaters, Samuel Becket und Ionescu, hätten es trotz der Diktatur der Vernunft geschafft, in ihren Stücken *Warten auf Godot* und *Die kahle Sängerin* noch einmal dem „Nonsens" zu seinem Recht zu verhelfen. Danach aber, so Foucault, sei der Wahnsinn komplett aus der Gesellschaft ausgegrenzt und totgeschwiegen worden. Heutzutage dulde die Staatsmacht nur noch ganz wenige, staatstragend religiöse Formen des Wahns, also beispielsweise die Verehrung und Anbetung von Fetischsymbolen wie gekreuzten Holzstäben. Alle anderen Formen des Wahns werden bereits unseren Schülern als unvernünftig und unwissenschaftlich verboten.

Fazit: Der Wahnsinn hat vom Mittelalter bis heute seine wichtige Rolle als Dialogpartner der Vernunft eingebüßt. Die moderne Vernunft, so Foucault, praktiziert nur noch einen Monolog, ein diktatorisches Selbstgespräch. Sie duldet keinerlei Abweichung und erzeugt damit den universellen Zwang zur Normalität in unserer Gesellschaft.

Überwachen und Strafen – die Struktur unserer Gesellschaft

Um den Zwang zur Normalität geht es auch in Foucaults berühmtesten und meistgelesenem Werk *Überwachen und Strafen* von 1975. Wieder gräbt Foucault als „Archäologe" alte Quellen und Chroniken aus, um die Entwicklung und die Struktur der Bestrafung in früheren Zeiten, bis hin zum modernen Strafvollzug, aufzuzeigen. Bereits der Beginn des Buches ist legendär. Foucault stellt an den Anfang kommentarlos die Vierteilung des Vatermörders François Damiens unter den Augen des Volkes, wie sie in der „Gazette d'Amsterdam" und einer Chronik des Polizeioffiziers Bouton von 1757 dokumentiert wurde:

[...] auf dem Grève-Platz sollte er [...] an den Brustwarzen, Armen, Oberschenkeln und Waden mit glühenden Zangen gezwickt werden; seine rechte Hand sollte das Messer halten, mit dem er den Vatermord

begangen hatte [...] und auf die mit Zangen gezwickten Stellen sollte geschmolzenes Blei, siedendes Öl, brennendes Pechharz [...] gegossen werden; [...] ein Scharfrichter

[…] mußte jeweils zwei- oder dreimal ansetzen und drehen und winden; Die zugefügten Wunden waren so groß wie Laubtaler. Bei diesem Zangenreißen schrie Damiens sehr laut, ohne freilich zu lästern; […] Trotz all

dieser Schmerzen hob er von Zeit zu Zeit das Haupt und besah sich unerschrocken. […] Die Beichtväter näherten sich ihm und […] er küsste gerne das Kruzifix […] und sagte immer: „Verzeihung Herr!" Die Pferde

gaben einen kräftigen Ruck und zerrten dabei jeweils an einem Glied […]. Aber ohne Erfolg. […] man musste das Fleisch beinahe bis zu

den Knochen durchschneiden; die Pferde legten sich ins Geschirr und rissen zuerst den rechten Arm und dann den anderen los. Nachdem […] vier Teile abgetrennt waren, kamen die Beichtväter zu ihm, […] aber der Scharfrichter sagte ihnen,

er sei tot, obwohl ich in Wahrheit gesehen habe, wie der Mann sich bewegte. […] Einer der Scharfrichter

sagte sogar, daß er noch am Leben gewesen sei, als sie den Rumpf des Körpers aufgeboben hätten, um ihn auf den Scheiterhaufen zu werfen. [40]

Foucault beschreibt die Hinrichtung Damiens im Jahre 1757 noch erheblich detaillierter auf vier Seiten. Nicht aus Sensationsgier, sondern um uns damit das Wesen der Bestrafung in dieser Epoche nahezubringen. Damals sah man es nämlich als gerecht an, dass ein Übeltäter alle Qualen, die er anderen zugefügt hat, in gesteigerter Form selbst erleiden müsse – als Vergeltung und Buße. Zusätzlich sollte natürlich auch die öffentliche Zurschaustellung der Marter eine abschreckende Wirkung auf alle anderen haben. Während des gesamten Mittelalters und in der beginnenden Neuzeit gab es solche Marter- und Hinrichtungsmethoden, wie das Vierteilen, Rädern, Verbrennen, Köpfen, Hängen und Ertränken. Diebstahl und kleinere Delikte wurden mit Auspeitschen oder Brandmarkung geahndet. Immer aber richtete sich die Strafe direkt gegen den Körper.

Dies ändert sich radikal im beginnenden 19. Jahrhundert. Jetzt, so Foucault, werden Massengefängnisse errichtet, um die Übeltäter wegzusperren. Die Gewalt zielt nun nicht mehr direkt auf den Körper, sondern auf das Bewusstsein. Im Zeitalter der Aufklärung war man nämlich vom grausamen Foltersystem zunehmend angewidert und versuchte, selbst im Übeltäter noch den Menschen zu sehen. Auch sollte die Dauer der Inhaftierung nicht mehr der Willkür des Herrschers, sondern einheitlichen gesetzlichen Bestimmungen folgen. Die damit einsetzende gesetzliche Regelung und die lückenlose Strafverfolgung ließ die Zahl der Häftlinge explodieren und erforderte den Bau von neuartigen Haftanstalten.

Den Prototypen eines solchen modernen Gefängnisses lieferte der Rechtsphilosoph und Architekt Jeremy Bentham. Er entwarf 1830 das „panoptische Gefängnis", das von ganz wenigen Wärtern beaufsichtigt werden konnte. Die Zellen sind darin architektonisch so angeordnet, dass sie den Wächtern einen „panoptischen", aus dem Griechischen übersetzt einen „alles Sehenden" Blick ermöglichen:

> Das Panoptikum ist ein ringförmiges Gebäude, das einen Hof und einen Turm in der Mitte umschließt. Der Ring ist in kleine Zellen unterteilt […]. In dem zentralen Turm sitzt der Wärter […], so dass alles, was der Einzelne tut, dem Blick des Wärters ausgesetzt ist, […] ohne selbst gesehen zu werden. [41]

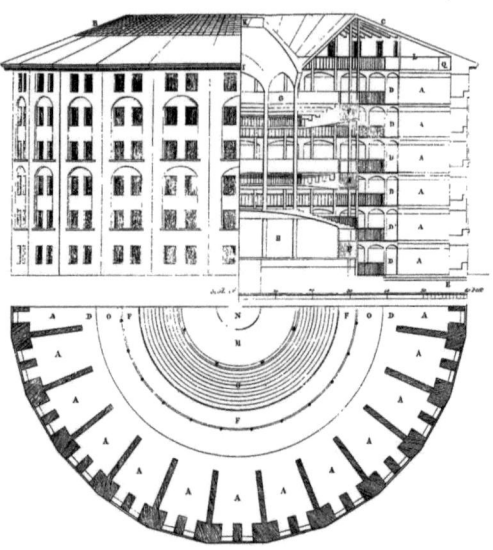

Der Effekt dieser Anordnung besteht darin, dass die Häftlinge sich auch dann beobachtet fühlen, wenn der Wächter gar nicht im Turm ist:

[…] der Häftling (darf) niemals wissen, ob er gerade überwacht wird; aber er muss sicher sein, dass er jederzeit überwacht werden kann. [42]

Die Häftlinge verhalten sich dann von alleine so, als würden sie gerade beobachtet und kontrollieren sich quasi selbst:

Derjenige, welcher der Sichtbarkeit unterworfen ist und dies weiß, übernimmt die Zwangsmittel der Macht und spielt sie gegen sich selber aus; er internalisiert das Machtverhältnis, in welchem er gleichzeitig beide Rollen spielt; er wird zum Prinzip seiner eigenen Unterwerfung. [43]

Das spart Zeit und Geld und gilt heute noch für den modernen Strafvollzug. Das Ziel ist aber nicht mehr nur, wie in Benthams Zeiten, das effiziente Überwachen und Wegsperren der Übeltäter, sondern deren moralische Besserung und Wiedereingliederung in den Arbeitsmarkt. Eine Vielzahl von Psychiatern in den forensischen Abteilungen versucht, pathologisch bedingte Straftaten in gerichtsmedizinischen Gutachten zu diagnostizieren und zu therapieren. Psychologen betreuen die Insassen der Strafvollzugsanstalten während der Haft, begleiten den Besserungsprozess, dokumentieren die „gute Führung" beziehungsweise die Normalisierung ihres Verhaltens. Sozial- und Bewährungshelfer arbeiten an der Resozialisierung. Doch Foucault sieht all das, was gemeinhin als humaner Strafvollzug gefeiert wird, keineswegs nur als Fortschritt an. Mit dem Aufkommen der Humanwissenschaften würde die Kriminalität zwar nicht mehr als Satanswerk verteufelt, sondern erstmals wissenschaftlich und juristisch als Normenkontrollverlust im Affekt beziehungsweise als vorsätzliche Nichtbeachtung von Normen und Gesetzen definiert. Doch diese Verwissenschaftlichung schafft neue und letztlich erheblich weitergehende Zwänge. Nicht mehr einzelne Könige oder Machthaber, sondern ein Heer von Wissenschaftlern, Richtern, Ärzten und Sozialarbeitern üben jetzt Macht aus. Sie definieren, was normal und was abnormal ist und vollstrecken den humanistisch begründeten Zwang zur Normalität:

Die Normalitätsrichter sind überall anzutreffen. Wir leben in der Gesellschaft des Richter-Professors, des Richter-Arztes, des Richter-Pädagogen, des Richter-Sozialarbeiters; [...] Ihm unterwirft ein jeder [...] den Körper, die Gesten, die Verhaltensweisen, die Fähigkeiten, die Leistungen. [44]

An die Stelle des großen Theaters der öffentlichen Vierteilungen treten in unserer Gesellschaft tausend kleine Theater, die den Zwang zur Normalität aufrechterhalten:

So also hat man sich die Straf-Gesellschaft vorzustellen: [...] tausend kleine Züchtungstheater. [45]

Bereits Bentham hat geschrieben, dass panoptische Anlagen keineswegs nur für Gefängnisse, sondern beispielsweise auch für Schulen, Fabriken, Kasernen und Krankenhäuser geeignet wären, um Abläufe transparent zu machen. Foucault geht dieser Spur nach und zeigt, wie die neuen Überwachungstechniken heute u.a. in den Schulen eingesetzt werden. Klingelsignale, Pünktlichkeit, getaktete Unterrichtseinheiten, körperliche Gleichschaltung und panoptische Sichtbarkeit in Bankreihen, zeitlich festgelegte Pausenhofgänge, Leibesertüchtigung und permanente Kontrolle der „guten Führung" der Schüler durch Bewertungen des „Betragens" wurden vom Gefängnismodell übernommen:

> Und in diesem System obligatorischer Gleichschaltungen erhält jeder Schüler nach seinem Alter, seinen Leistungen, seinem Benehmen bald diesen Rang und bald einen andern; [46]

In der wechselnden Rangordnung werden die Klassenbesten, die Durchschnittsschüler und die Schlechten definiert. Durch Prüfungen, Notenvergaben, bis hin zum „Sitzenbleiben", dem erzwungenen Wiederholen der Jahrgangsstufe, wird das Schülerleben hierarchisiert, bestraft, belohnt und im panoptischen Zwangssystem organisiert. In den Schulen des 16. und 17. Jahrhunderts gibt es das noch nicht. Der damalige Lehrer unterrichtet eine zusammengewürfelte Gruppe jüngerer, älterer, weniger oder mehr begabter Kinder des Dorfes in einem gemeinsamen Raum:

> […] ein Schüler arbeitet einige Minuten mit dem Lehrer, während die ungeordnete Masse der anderen ohne Aufsicht müßig ist und wartet […]. [47]

Doch mit der Übertragung der Gefängnisstruktur erfolgt die panoptische Durchorganisierung der Schule als „serieller Raum" mit der Zwangseinweisung der Schüler in Korridore, Raumeinheiten und Klassen gemäß Alters- und Leistungskriterien:

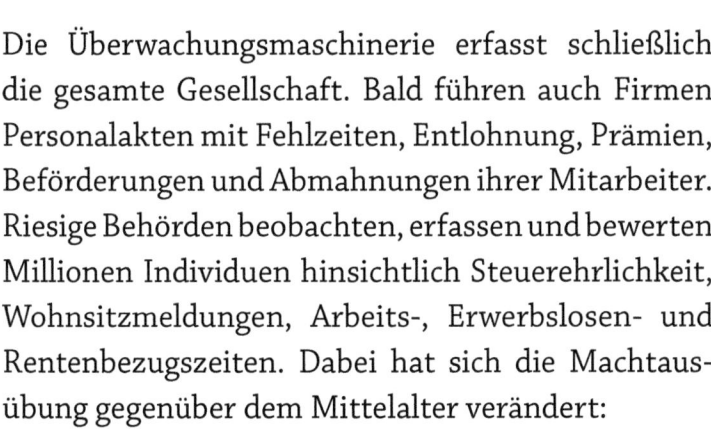

> Er (der Elementarunterricht im seriellen Raum) hat den Schulraum zu einer Lernmaschine umgebaut – aber auch zu einer Überwachungs-, Hierarchisierungs-, Belohnungsmaschine. [48]

Die Überwachungsmaschinerie erfasst schließlich die gesamte Gesellschaft. Bald führen auch Firmen Personalakten mit Fehlzeiten, Entlohnung, Prämien, Beförderungen und Abmahnungen ihrer Mitarbeiter. Riesige Behörden beobachten, erfassen und bewerten Millionen Individuen hinsichtlich Steuerehrlichkeit, Wohnsitzmeldungen, Arbeits-, Erwerbslosen- und Rentenbezugszeiten. Dabei hat sich die Machtausübung gegenüber dem Mittelalter verändert:

Die Macht wird tendenziell unkörperlich [...]. [49]

Kein König fährt mehr wie früher weithin sichtbar mit einer goldenen Kutsche durchs Land, erzwingt den Kniefall seiner Untertanen und statuiert da und dort Bestrafungs-Exempel. Die moderne Disziplinargesellschaft erzeugt stattdessen eine unsichtbare, permanente Selbstunterwerfung:

Wir sind [...] eingeschlossen in das Räderwerk der panoptischen Maschine, das wir selbst in Gang halten – jeder ein Rädchen. [50]

An Stelle des Herrschers, von dem früher alle Macht ausging, halten wir heutzutage selbst als Rädchen die Machtmaschinerie in Gang. Foucault spricht deshalb auch von der Mikrophysik der Macht. Für unsere heutige Zeit benötige man, so Foucault, einen neuen Machtbegriff:

[...] „die" Macht mit ihrer [...] Selbsterzeugung [...] ist nicht eine Mächtigkeit einiger Mächtiger. [51]

Bei Foucault halten nicht mehr, wie beispielsweise in der marxistischen Gesellschaftstheorie, klar identifizierbare herrschende Klassen und Ausbeuter die Maschinerie der Macht in Gang. Es sind stattdessen Netzwerke von Institutionen, Wissenschaftsformationen, Diskursen und Individuen, die als kleine und große Rädchen das Wahrheitsgetriebe und die Machtverhältnisse verkörpern:

> Die Macht ist nicht etwas, was man erwirbt [...] oder verliert; die Macht ist etwas, was sich von unzähligen Punkten aus und im Spiel [...] beweglicher Beziehungen vollzieht. [52]

Deshalb ist die Errichtung der modernen Zwangs- und Disziplinargesellschaft auch nicht die Folge der Politik einiger mächtiger Eliten, sondern die Folge des aufkommenden Humanismus und der Wissenschaften. Die bissige Pointe von Foucaults Buch *Strafen und Überwachen* besteht am Ende nämlich darin, dass der angeblich humane Strafvollzug mit seinem neuartigen panoptischen Gefängnis zur Grundlage der gesamten modernen Gesellschaft geworden ist. Zwar geht die sichtbare körperliche Gewalt bis heute immer mehr zurück und man darf beispielsweise Kinder in den Schulen, Landarbeiter auf dem Feld oder Strafgefangene in den Vollzugsanstalten nicht mehr schlagen, gleichzeitig aber tritt an ihre Stelle eine viel umfassendere psychische Gewalt. Das System der Gleichschaltung, der Überwachung und der erzwungenen Selbstunterwerfung wirkt inzwischen überall und erfasst bewusst oder unbewusst das Verhalten der Bürger. Ob am Arbeitsplatz, in der U-Bahn oder im Supermarkt, jeder weiß, was von ihm gerade verlangt wird. An die Stelle der Außenkontrolle durch Könige und Machthaber, tritt die Selbstunterwerfung.

Fazit: Das Gefängnis, so Foucault, ist jetzt überall. Es erzeugt als Dispositiv einen dauerhaften und allgegenwärtigen Zwang zur Normalität, den wir durch unsere Unterwerfung als Rädchen im Getriebe selbst aufrechterhalten. Wir werden zwar nicht mehr ausgepeitscht oder äußerlich gezüchtigt, ergeben uns aber innerlich dem Normierungszwang. Der moderne Mensch ist sein eigener Gefängnisdirektor.

Das Dispositiv der Sexualität

„Dispositiv" ist einer der Schlüsselbegriffe von Foucault, vielleicht sogar der Schlüsselbegriff schlechthin. Was bedeutet „Dispositiv"? Das Wort setzt sich zusammen aus den lateinischen Wörtern „positiv" = „gesetzt/feststellbar" und der Vorsilbe „dis", die auf etwas verweist, das nicht zum Festgestellten passt.

Das Wort „positiv" wird umgangssprachlich zwar oft als Synonym für „erfreulich" verwendet, also etwa im Sinne einer „positiven Nachricht" oder „positiven Erfahrung". In der Wissenschaft aber bedeutet es, wie im lateinischen Wortsinn, schlicht und einfach „feststellbar". Wenn man sagt „beim Patienten war die Suche nach dem Erreger positiv", dann konnte man den Erreger im Blut feststellen. Die Vorsilbe „dis" drückt immer einen Ausschluss oder eine Absonderlichkeit aus. So wird beispielsweise in den Wörtern Disharmonie, Diskrepanz, Distanzierung oder Dispositiv das jeweils mit der Harmonie, dem Sachverhalt, der Meinung oder dem Festgestellten Nicht-Übereinstimmende ausgedrückt. Im Begriff „Dispositiv" steckt also sowohl die Dimension der „Feststellung" als auch die Dimension der „Absonderung" von dem, was nicht dazu passt. Das ist wohl auch der Grund, warum Foucault diesen Begriff so gerne verwendet.

Im französischen Militärwesen wird Dispositiv folgendermaßen definiert: „Ein Ensemble von Einsatz-
mitteln, die entsprechend einem Plan aufgestellt
(disposés) werden." [53] Man unterscheidet Angriffs-
und Verteidigungsdispositive. So ist ein Angriffsdispositiv der festgesetzte Plan zum koordinierten
Einsatz des Ensembles von Infanterie, Artillerie,
Panzern und Flugzeugen. Das Angriffsdispositiv
stellt „positiv" fest, was beim Angriff wann, wie und
wo zu tun ist. Die Vorsilbe „dis" beschreibt dabei das
Ausgeschlossene, das zu Unterlassende und somit all
das, was beim Angriff auf keinen Fall getan werden
darf. Beispielsweise darf keine Einheit für sich alleine so weit vorpreschen, dass sie den Anschluss und
die Unterstützung aller anderen verliert. Das Angriffsdispositiv qualifiziert also das zu Tuende und
disqualifiziert das zu Unterlassende.

Auch Foucault verwendet den Begriff Dispositiv zunächst ganz im militärischen Sinn des Wortes als
strategisch koordiniertes „Ensemble von Einsatz-
mitteln" zu einem bestimmten Zweck. Allerdings
zielt dieses Ensemble bei Foucault in seiner soziolo-
gischen Verwendung des Begriffs nicht nur auf die
Steuerung eines einzelnen Angriffs oder Rückzugs
ab, sondern auf die Steuerung der gesamten Gesellschaft. Ein Dispositiv als Ensemble von Einsatzmit-

teln schreibt bei Foucault vor, was die Gesellschaft als Ganzes zu tun und zu lassen hat:

> Was ich unter [Dispositiv] festzumachen versuche ist [...] ein entschieden heterogenes Ensemble, das Diskurse, Institutionen, architekturale Einrichtungen,

> reglementierende Entscheidungen, Gesetze, administrative Maßnahmen, wissenschaftliche Aussagen, philosophische,

> moralische oder philanthropische Lehrsätze, kurz: Gesagtes ebensowohl wie Ungesagtes umfaßt. [54]

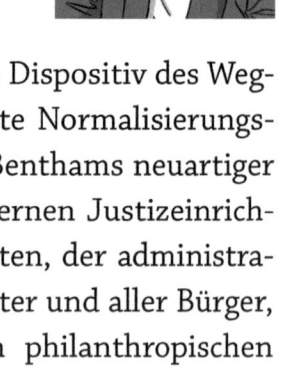

So ergibt sich beispielsweise das Dispositiv des Wegsperrens und der damit erzeugte Normalisierungszwang aus dem Ensemble von Benthams neuartiger Gefängnisarchitektur, den modernen Justizeinrichtungen, den neuen Gesetzestexten, der administrativen Registrierung aller Straftäter und aller Bürger, sowie der neuen aufklärerisch philanthropischen Idee, dass nicht mehr gefoltert und geviertelt, sondern gebessert und resozialisiert wird:

Soweit die Elemente des Dispositivs. Das Dispositiv selbst ist das Netz, das zwischen diesen Elementen geknüpft werden kann. [55]

Das Dispositiv ist also bei Foucault die Gesamtheit aller Vorentscheidungen, innerhalb derer sich unser Leben entfaltet. Es ist das Netz, also der gemeinsame Nenner oder auch die Quintessenz, die uns steuert, einschränkt und uns die Grenzen unserer Entfaltung vorgibt. Und weil das jeweilige Dispositiv eine so mächtige Vorentscheidung für unsere persönliche Meinungsäußerung, unsere Diskurse, unser Denken und unser Handeln bedeutet, ist es gemäß Foucault die wichtigste Aufgabe der Philosophie, Dispositive archäologisch herauszuschälen und zu erkennen. Dabei handelt es sich um eine komplexe Angelegenheit. So ist beispielsweise das Dispositiv des Zwanges zur Normalität von einem ganzen Ensemble neuer Wissenschaften und Institutionen aufgerichtet worden und umfasst, wie Foucault sagt, „sowohl Gesagtes wie Ungesagtes".

Der amerikanische Soziologe Erving Goffman hat die Zusammensetzung des Foucaultschen Dispositivs aus „Gesagtem und Ungesagtem" einmal sehr anschaulich am Beispiel des Dispositivs eines „guten Amerikaners" erklärt: „[...] es (gibt) in einem gewichtigen Sinn nur ein vollständig ungeniertes und akzeptables männliches Wesen in Amerika: ein junger, verheirateter, weißer, städtischer, nordstaatlicher, heterosexueller, protestantischer Vater mit Collegebildung, voll beschäftigt, von gutem Aussehen, normal in Gewicht und Größe und mit Erfolgen im Sport [...]. Jeder Mann, der in irgendeinem dieser Punkte versagt, neigt dazu, sich – wenigstens augenblicksweise – für unwert, unvollkommen und inferior zu halten." [56]

Der Soziologe Goffman beschreibt an dieser Stelle zwar nicht die Entstehung des Dispositivs vom „guten Amerikaner", sehr wohl aber dessen massive Auswirkungen. Dabei bestätigt er Foucaults Ansatz in einem wichtigen Punkt. Das Dispositiv, also das Ensemble und Netzwerk, das die Anforderungen an den „guten Amerikaner" erzeugt, besteht im Falle von „verheiratet" aus institutionell, gesetzlich Ausgesprochenem, etwa der Institution Standesamt und

den Gesetzen zu Ehe und Ehebruch, zu einem großen Teil aber auch aus unausgesprochenen Anforderungen wie „beruflich erfolgreich, sportlich, jugend-
lich", die nirgendwo gesetzlich fixiert, aber auf subtile
Weise wirksam sind. Wie eine unsichtbare Hand geben sie dem Individuum seine Ausrichtung vor:

> Was ich unter [Dispositiv] festzumachen
> versuche ist [...] ein entschieden
> heterogenes Ensemble, das [...] Gesagtes
> ebensowohl wie Ungesagtes umfasst. [57]

In seinem vierbändigen Werk *Sexualität und Wahrheit* [58] arbeitet Foucault nun anhand zahlreicher
Quellen das „Dispositiv der Sexualität" heraus. Er
zeigt, wie es sich im Laufe der Zeit von der Antike
bis heute verändert hat, wie sich also das, was wir
glauben, sexuell ausleben zu dürfen, in den verschiedenen Epochen darstellt und weiterentwickelt. Wie
haben sich die Menschen in der jeweiligen Epoche
über ihre Sexualität definiert? In einigen Epochen
gab es beispielsweise die mächtige Wissensformation, sich als unkeusch, lasterhaft und reuiger Sünder
zu fühlen, in anderen Epochen wurde umgekehrt

von den Menschen verlangt, sich als Triebwesen zu definieren, das seine Sexualität gesunderweise ausleben und seine nicht gelebte Sexualität gestehen und therapieren muss.

Foucault vermutet, dass der jeweilige Umgang mit der Sexualität vieles über die Selbstdefinition der Menschen aussagt. Er stellt die Frage nach dem Dispositiv der Sexualität, also die Frage, welchen ausgesprochenen und unausgesprochenen Normen wir heutzutage unsere Lust und unsere sexuellen Neigungen unterwerfen. Wie kontrollieren wir uns selbst? Welche offiziellen und institutionellen Definitionen der erlaubten und verbotenen Sexualität gibt es und wie haben sie sich in der Geschichte bis heute entwickelt?

Foucault entwickelt das Konzept des Sexualitätsdispositivs bereits im ersten Band *Der Wille zum Wissen*. Bisher, so Foucault, habe man die Geschichte der Sexualität völlig falsch verstanden. Gemäß der Repressionshypothese würde allzu gerne nur die jahrhundertelange Unterdrückung der Sexualität betont. Dieser Legende zufolge würde das mit Sigmund Freud einsetzende „Sprechen über Sex" und die darauffolgende „Sexuelle Revolution" als Akt der Befreiung und Enttabuisierung gefeiert. In Wirklichkeit aber, so Foucault, sei es genau umgekehrt. Durch das ständig verordnete Gerede über Sex und die ausufernden wissenschaftlichen Definitionen sexueller Erfüllung und der dazu notwendigen Techniken sei ein modernes Sexualdispositiv entstanden, das uns versklavt:

Unsere Zivilisation besitzt [...] keine *ars erotica*. Dafür ist sie freilich die einzige, die eine *scientia sexualis* betreibt. [59]

Während die indische Kultur mit dem Kamasutra eine, die Phantasie beflügelnde, Kunst der Erotik besitzt, betreibt unsere westliche Zivilisation deren wissenschaftliche Analyse und Klassifizierung durch Sexualwissenschaftler. Die Lust wird in gesunde, kranke, abweichende und perverse Formen eingeteilt, die je nach Grad der Abweichung therapiert werden müssen. Neben der Sodomie, so Foucault, wurden in Europa beispielsweise auch gleich die Onanie und die Homosexualität als krankhaft eingestuft, diskreditiert und entsprechenden Sanktionen, Therapien und Maßnahmen zugeführt. Auch Frauen, so Foucault, bekamen von der Sexualwissenschaft schnell ein Etikett beziehungsweise das pathologische Stigma zugewiesen, dass sie naturhaft zu Nervosität und Hysterie tendieren.

Im ausgehenden 19. Jahrhundert wurde ein mächtiges Dispositiv der gesunden heterosexuellen Geschlechtsliebe aufgestellt, das keine Abweichungen duldet. Und nicht nur das. Zu unserem modernen Sexualitätsdispositiv gehört auch der Zwang, über Abweichungen und kindliche Früherlebnisse der Sexualität sprechen zu müssen, um sein innerstes Selbst kennenzulernen und eventuell zu therapieren. Eine Vielzahl von Psychiatern, Psychoanalytikern und Psychologen erforscht das Innenleben:

> Alles in allem sind wir die einzige Zivilisation, in der eigene Aufseher dafür bezahlt werden, daß sie jedem zuhören, der sich ihnen über seinen Sex anvertrauen will. [60]

Dieser innere Zwang zum Geständnis des sexuellen Begehrens und des Intimlebens beginnt aber nicht erst mit Sigmund Freuds Empfehlung, sich seiner libidinösen Biografie und seinen unterdrückten Wünschen zu öffnen, sondern bereits im christlichen

Mittelalter. Foucault spricht von einer langen Geschichte der Kultur des Geständnisses. Psychothera-
peuten setzen nur das fort, was früher die Priester in
den Beichtstühlen praktiziert und von ihrem Gegenüber eingefordert haben: das Geständnis ihrer Lust:

> Spätestens seit dem Mittelalter haben die
> abendländischen Gesellschaften das Geständnis
> unter die Hauptrituale eingereiht, von denen man
> sich die

> Produktion der Wahrheit verspricht:
> Regelung des Bußsakramentes
> durch das Laterankonzil von 1215,
> die darauffolgende Entwicklung der
> Beichttechniken [...]. [61]

Allerdings, so Foucault, wird die Beichte und das Geständnis heutzutage im Unterschied zum Mittelalter
auf nahezu alle gesellschaftlichen Bereiche ausgeweitet:

> Die Wirkungen des Geständnisses sind breit gestreut: in der Justiz, in der Medizin, in der Pädagogik, in den Familien- wie in den Liebesbeziehungen, im Alltagsleben

> wie in den feierlichen Riten gesteht man seine Verbrechen, gesteht man seine Sünden, gesteht man seine Gedanken und Begehren, gesteht man seine Vergangenheit und Träume, gesteht man seine Kindheit [...]. [62]

Dieser Prozess des Gestehens hat im christlichen Mittelalter begonnen und vollendet sich im heutigen Europa – mit einem fatalen Ergebnis:

> Im Abendland ist der Mensch ein Geständnistier geworden. [63]

Die Geständniskultur ist nach Foucault deshalb so schädlich, weil sie eine massive Machtausübung ermöglicht. Sie bewirkt die Kontrolle des Innenlebens

– und zwar in privaten Liebesbeziehungen wie im staatlichen Bereich:

Die waffenloseste Zärtlichkeit wie die blutigsten Mächte sind auf das Bekennen angewiesen. [64]

Die Bekenntniskultur und die Verwissenschaftlichung der Sexualität ermöglicht unter anderem ein zunehmend tieferes Eindringen der Politik in die Intimität der Menschen. Foucault spricht hier von Biopolitik. Mit der Begründung, für die Volksgesundheit Sorge tragen zu müssen, werden Krankheiten meldepflichtig, Impfungen und andere Präventionsmaßnahmen durchgeführt.

Fazit: Alle drei großen Einzelstudien von Foucault haben einen gemeinsamen Kern. In *Wahnsinn und Gesellschaft* geht es ihm um das Dispositiv, das die Trennung von Vernunft und Wahnsinn, von Normal und Abnormal erzwingt, in *Überwachen und Strafen* geht es um das Dispositiv des Wegsperrens, das die

Delinquenten von den Rechtschaffenen trennt, aber damit beide Gruppen definiert und in Schach hält. In seinem Werk *Sexualität und Wahrheit* beleuchtet er das Dispositiv der Sexualität, das Abweichungen verurteilt, Geständnisse erzwingt und im privaten wie politischen Raum die Sexualität regelt und steuert. In allen drei Fallstudien zeigt Foucault die Zwänge, in denen sich unser Leben abspielt.

Sein Kerngedanke ist jetzt klar erkennbar. Unser Denken, Sprechen und Handeln ist nicht frei. Es vollzieht sich immer nur innerhalb der herrschenden Diskurswahrheiten. Es gibt für Foucault keinen einzigen herrschaftsfreien Diskurs, denn jeder Diskurs ist, wie von einer unsichtbaren Hand, von den dahinterstehenden Dispositiven gesteuert. Die Dispositive bestimmen zwar nicht im Detail, was wir gerade denken oder sagen, aber sie bestimmen die Grenzen und Spielräume, wie man über etwas zu denken und zu reden hat. Diskurse generieren also selbst keine Wahrheiten, sondern sind die Agenten der dahinterstehenden Dispositive. Der Philosoph hat somit die Aufgabe, wie ein Historiker oder Archäologe die Entstehungsgeschichte jener Dispositive ans Licht zu bringen, die unsere Welt ordnen. Konsequenterweise heißt dann auch Foucaults methodisch theoretisches Hauptwerk *Die Ordnung der Dinge*:

[…] (es) geht darum herauszufinden, nicht welche Macht von außen her auf der Wissenschaft lastet, sondern welche Machtwirkungen unter

den wissenschaftlichen Aussagen zirkulieren […]. Genau diese verschiedenen Systeme habe ich in „Die Ordnung der Dinge" […] zu beschreiben versucht. [65]

Die Ordnung der Dinge und das Verschwinden des Menschen

Mit der Veröffentlichung des Werkes *Die Ordnung der Dinge* von 1966 steigt Foucault endgültig in den Olymp der Philosophen auf. Obwohl es in einigen Passagen sehr abstrakt ist, lesen es überraschenderweise nicht nur die Fachleute. In den ersten Monaten werden gleich über 30.000 Stück verkauft und in den Pariser Straßencafés sieht man anstelle von Sartres Büchern auf einmal die Schriften von Foucault kursieren. Die Zeitung *Le Nouvel Observateur* titelt: „Foucault wie warme Semmeln".

Tatsächlich stößt Foucault den berühmten Existenzialisten Sartre als bisherige Nummer eins der französischen Intellektuellen von seinem Thron. Foucaults Schriften werden nach und nach übersetzt und finden weltweite Aufmerksamkeit. Er ist sich dieser neuen Rolle durchaus bewusst:

[...] die Generation Sartres [...] (begegnete) dem Leben, der Politik, der Existenz mit großer Leidenschaft [...]. Aber wir haben etwas anderes entdeckt, eine andere Leidenschaft: die Leidenschaft [...] für das „System", wie ich es einmal nennen möchte. [66]

Diese Leidenschaft für das System und somit für die Struktur, aus denen die einzelnen Subjekte überhaupt erst hervorgehen, machte Foucault in ganz Europa zur Gallionsfigur des Strukturalismus. Als Vierzigjähriger bekommt er 1970 am Collège de France, der Eliteuniversität Frankreichs, eine Professur für „Geschichte der Denksysteme" und damit ein Lehrgebiet, das exakt auf seinen strukturalistischen Ansatz zugeschnitten war.

Begründet wurde der Strukturalismus allerdings

nicht von Foucault, sondern bereits in den dreißiger Jahren vom französischen Sprachwissenschaftler de Saussure mit der provokativen These, dass die Sprache nicht, wie gemeinhin angenommen, ein Produkt des sprechenden Menschen sei, sondern umgekehrt der Mensch erst aus der Sprache hervorgehe. Wir könnten uns nämlich nur innerhalb der Struktur der Sprache äußern und entfalten. Der Mensch, so Saussure, sei somit ein Produkt seiner Zeichensysteme.

Auch der Logiker Wittgenstein argumentiert strukturalistisch, wenn er sagt: „Die Grenzen meiner Sprache bedeuten die Grenzen meiner Welt". [67] Wir können niemals, so Wittgensteins und Saussures gemeinsame These, außerhalb der Struktur unserer Sprache irgendetwas sagen oder denken, denn wir tun dies gezwungenermaßen ja immer in Wörtern und Sätzen. Diese These kann übrigens jeder von uns experimentell überprüfen. Man muss nur einmal versuchen, einen Gedanken ohne Wörter und Sätze zu denken oder auszusprechen. Es geht nicht. Deshalb, so die strukturale Linguistik, bestimmt die Sprache unser Verständnis von der Welt und gibt uns zugleich die Grenzen unseres Verständnisses vor.

Claude Lévi-Strauss überträgt diesen radikalen Ansatz der strukturalen Linguistik dann auf die Ethnologie und zeigt in seinem vierbändigen Werk *Mytho-*

logika, dass nicht die Menschen aktiv und frei ihre Mythen erfinden, sondern umgekehrt die Mythen in den menschlichen Subjekten eine so starke Wirkung entfalten, dass die Mythen am Ende wirklicher und fundamentaler sind als die Subjekte selbst. Die Mythen prägen unser Selbstverständnis. Nicht die Menschen erschaffen sich Geschichten, sondern die Geschichten erschaffen ihn. Konsequent überträgt Claude Lévi-Strauss dieses totale Ausgeliefertsein an die narrativen Strukturen auch auf seine eigene Person und sein subjektives Empfinden. In einem berühmt gewordenen Satz formuliert er die Reinform des Strukturalismus: „Ich komme mir vor wie ein Ort, an dem [...] kein Ich vorhanden ist. Jeder von uns ist eine Art Straßenkreuzung, auf der sich Verschiedenes ereignet. Die Straßenkreuzung selbst ist völlig passiv; etwas ereignet sich darauf. Etwas anderes, genauso Gültiges, ereignet sich anderswo. Es gibt keine Wahl [...]." [68]

Auch Foucault folgt zunächst dieser radikal strukturalistischen Auffassung vom Verschwinden des Ichs und der totalen Passivität des Subjekts. In seinem Werk *Die Ordnung der Dinge* beschreibt er, wie die Welt in den verschiedenen Epochen geordnet wurde und die einzelnen Subjekte dieser Ordnung folgen mussten. Jede Zeit hat nämlich eine andere Sichtweise und damit ein anderes Verständnis vom Sinn des Lebens. Dabei erzeugt die jeweilige Ordnung der Dinge nicht nur unser Selbstverständnis, sondern mit ihren Institutionen, Verfassungen, Regeln, Ritualen, Rechts- und Wirtschaftsordnungen auch die Struktur der gesamten Wirklichkeit. Das einzelne Subjekt, also der einzelne Mensch geht aus diesem System erst hervor. Foucault gilt heute als Poststrukturalist, war aber die längste Zeit seines Schaffens von der strukturalistischen „Leidenschaft für das System" durchdrungen:

[...] das eigentliche Tiefenphänomen, von dem wir geprägt sind, das vor uns da ist und uns durch Raum und Zeit trägt, (ist) das *System*. [69]

Erst seine späte Wendung hin zur kritischen Reflexion von Dispositiven und einer aktiven Lebenskunst katapultiert ihn aus dem reinen Strukturalismus heraus und macht ihn zum Poststrukturalisten. In *Die Ordnung der Dinge* vertritt er aber eindeutig noch den strukturalistischen Ansatz, wonach die Geschichte des Abendlandes und seiner Menschen sich aus drei großen Ordnungs-Systemen verstehen lässt: der Renaissance des 16. Jahrhunderts, der Klassik des 17. und 18. Jahrhunderts und der Moderne ab dem 19. Jahrhundert. Jede dieser drei Epochen hat gemäß Foucault eine eigene Episteme. Das griechische Wort Episteme heißt übersetzt einfach nur „Wissen" oder „Wissenschaft". Foucault verwendet dieses Wort aber etwas eigenwillig als Schlüsselbegriff für die, dem Wissen und der Wissenschaft jeweils zugrunde liegende, kulturelle Erkenntnisform:

> In einer Kultur, und in einem bestimmten Augenblick, gibt es immer nur eine *episteme*, die die Bedingungen definiert, unter denen jegliches Wissen möglich ist. [70]

Die Episteme, also die zugrunde liegende Erkenntnisweise der Renaissance, ist die Repräsentation beziehungsweise die Ähnlichkeit oder Analogie. Das heißt, ausgehend vom kosmologischen Weltbild, suchte man nach Ähnlichkeiten der Dinge im Hinblick auf die gemeinsame Schöpfung. So fand man beispielsweise in der Renaissance Ähnlichkeiten des Menschen mit der Erde:

> Sein Fleisch ist eine Scholle, seine Knochen sind Felsen, seine Adern große Flüsse. Seine Harnblase ist das Meer [...]. [71]

Doch das irdische Dasein des Menschen wird immer noch wie im vorausgegangenen Mittelalter in seiner Sündhaftigkeit und in der Erwartung der göttlichen Gnade im Jenseits verstanden. Erst in der Klassik, also im 17./18. Jahrhundert und damit in der Zeit der Aufklärung und der aufkommenden Humanwissenschaften, werden alle Dinge neu angeordnet. Die neue Episteme verlangt jetzt anstelle bloßer Analogien die Übereinstimmung aller Dinge mit den Wörtern und Bezeichnungen:

> Die fundamentale Aufgabe des klassischen „Diskurses" ist es, *den Dingen einen Namen zuzuteilen* und *ihre Existenz in diesem Namen zu benennen.* [72]

Die Klassik liebt Überblicke, Tabellen und systematische Bezeichnungen. Ab dem 19. Jahrhundert schreibt die Episteme dann vor, dass Erkenntnisse über die Dinge überprüfbar und an den, von Wissenschaftlern aufgestellten, Wahrheiten ausgerichtet sein müssen. Dabei wird der Mensch zum Objekt gemacht, und von Biologen, Psychologen, Ökonomen und Humangenetikern vergegenständlicht.

Der Mensch ist beispielsweise bei Darwin nicht länger ein Geschöpf Gottes, sondern ein höheres Säugetier - bei Freud ein Triebwesen, bei Marx ein Gattungswesen, das sich durch seine Produktionsverhältnisse selbst definiert. Die Wahrheit gilt aber in allen drei Fällen als menschengemacht. Zeitlose, metaphysische und nicht exakt definierbare Wahrheiten wie göttliche Gerechtigkeit, Ehre oder ritterliche Tugenden verlieren geradezu dramatisch an Bedeutung.

Die radikale Veränderung vom Zeitalter der „Ähnlichkeit" zur Episteme in der Klassik und Moderne könne man, so Foucault, am Schicksal der Romanfigur „Don Quijote" erkennen. Don Quijote würde letztlich daran zerbrechen, dass er inmitten der neuen kapitalistischen Welt noch immer die edlen Wertvorstellungen einer längst vergangenen Episteme hochhalte:

> Der Held bei Cervantes, der [...] durch das alleinige Spiel der Ähnlichkeit Schlösser in den Herbergen und Damen in den Bauernmädchen entschlüsselte, machte sich zum Gefangenen, ohne dass er es wußte [...]. [73]

Don Quijote machte sich, ohne es zu merken, zum Gefangenen einer Welt, die es zu seiner Zeit schon längst nicht mehr gab. Er hielt stur an der mittelalterlichen Wahrheitsproduktion fest und wurde deshalb aus Sicht der neueren Episteme zum Wahnsinnigen und zum Gespött der Leute. Foucault zeigt uns aber nicht nur drastisch, wie die neue wissenschaftliche Erkenntnisweise die gesamte Ordnung der Dinge umgewälzt hat, er kommt am Ende zu einer provokativen Prognose:

> [...] der Mensch verschwindet wie am Meeresufer ein Gesicht im Sand. [74]

Damit meint er nicht, dass unsere Gattung ausstirbt, etwa durch die Klimakatastrophe, sondern dass der Mensch als selbstbestimmtes Subjekt verschwinden wird:

[...] das Ende des Menschen [...] ist nur [...] eine der sichtbaren Formen eines weitaus allgemeineren Sterbens. Damit meine ich [...]

den Tod des Subjekts, des Subjekts als Ursprung und Grundlage des Wissens der Freiheit, der Sprache und der Geschichte. [75]

Der Mensch als Subjekt, als Ursprung des Wissens, der Freiheit und der Sprache, ist also im Absterben begriffen. Der Grund für sein nahendes Ende ist einfach. Im 19. Jahrhundert macht sich der Mensch zum Gegenstand der Forschung und entmachtet sich zunehmend selbst. Die modernen Hauptwissenschaften Psychologie, Ökonomie, Biologie und Linguistik haben zwar anfänglich in ihren Forschungen versucht, den Menschen als erkennendes Subjekt zu beweisen, doch am Ende finden sie immer nur seine totale Eingebundenheit in die Strukturen:

Als man sich daran machte, den Menschen als mögliches Objekt des Wissens zu erforschen [...], stieß man auf ein Unbewusstes, das gänzlich von

Trieben und Instinkten beherrscht war [...], die absolut nichts mit dem zu tun hatten, was man vom Wesen des Menschen, von der menschlichen Freiheit [...] erwartet hatte. [76]

Ähnlich wie die Psychoanalyse lieferte auch die Biologie am Ende nur eine Reihe von ernüchternden Ergebnissen. Statt den freien Geist organisch nachzuweisen, entdeckte man, angefangen von der Augen-, Haarfarbe und Körpergröße bis hin zu Intelligenz und Charaktereigenschaften, unsere genetische Vorprogrammierung:

[...] in der Biologie tragen die Chromosomen bekanntlich in Form eines Codes, einer verschlüsselten Nachricht, sämtliche Informationen, die für die Entwicklung des jeweiligen Lebewesens erforderlich sind. [77]

Dasselbe gilt für die Linguistik:

Man hoffte, wenn man [...] die Entwicklung der Grammatiken erforschte und die verschiedenen Sprachen miteinander verglich, werde

[...] der Mensch selbst hervortreten [...]. Aber was fand man, als man in der Sprache nach dem Menschen grub? Man fand Strukturen. [78]

Der Mensch findet sich also am Ende seiner modernen Episteme von Mächten bestimmt, die er selbst nicht kontrollieren kann. Er verliert sich im Treibsand biologisch codierter Abläufe, der Mechanik unbewusster Regulation, den makroökonomischen Zwängen des Marktes und der Gefangenschaft in vorgefundenen Sprach- und Begriffswelten. Er schafft sich als selbstbestimmtes Wesen ab:

Unsere Tage beweisen ohne Zweifel die Tatsache, daß [...] der Mensch im Begriff ist, zu verschwinden. [79]

Doch dieser „Tod des Menschen", wie ihn Foucault vorhersagt, ist nicht so bedauerlich, wie es im ersten Moment erscheinen mag. Denn jener Menschentyp, der künftig absterben wird, ist ja nur der selbstbestimmte rationale Mensch der Humanwissenschaften, wie er im 19. Jahrhundert erfunden wurde. Es ist jener Menschenschlag, der alles erkennt, kategorisiert, diszipliniert und eben dadurch auch viel Elend über die Welt gebracht hat. Und man darf nicht vergessen, so Foucault, dass dieser neue sich selbst erforschende und sich am Ende selbst abschaffende Menschenschlag letztlich nur eine von vielen Wissensgestalten ist, welche die Geschichte im Laufe der Zeit hervorgebracht hat:

Der Mensch ist eine Erfindung, deren junges Datum die Archäologie unseres Denkens ganz offen zeigt. [80]

Und wenn der Mensch der Disziplinargesellschaft irgendwann wieder verschwindet, macht er vielleicht sogar einer besseren Wissensgestalt und einer neuen Episteme Platz.

Was nutzt uns Foucaults Entdeckung heute?

Foucaults Panoptikum-Gefängnis: der Prototyp digitaler Überwachung?

Was nutzt uns Foucault heute noch? Hat er recht - befinden wir uns alle in einer Disziplinargesellschaft? Werden wir – wie Benthams Gefangene – permanent beobachtet und verhalten uns entsprechend? Sind wir unsere eigenen Gefängnisdirektoren?

Wenn man Foucaults Kerngedanken auf sich wirken lässt, fällt auf, dass er im Grunde alles in Frage stellt, was für uns üblicherweise als fortschrittlich gilt, zum Beispiel die einfühlsame therapeutische Behandlung psychisch Kranker durch Psychiater, Psychologen, Psychoanalytiker und Nervenkliniken oder auch die Abschaffung körperlicher Züchtigungen durch den humanen Strafvollzug. Für Foucault sind beide Reformen kein wirklicher Fortschritt:

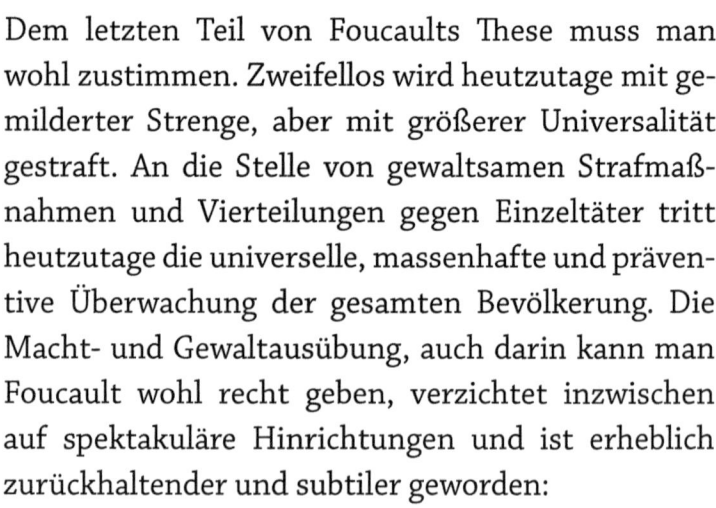

[...] die eigentliche „Reform" [...] ist die [...] Strategie, [...] daß aus der Bestrafung und Unterdrückung der Ungesetzlichkeiten eine regelmäßige und die gesamte Gesellschaft erfassende Funktion wird; [...] daß vielleicht mit einer gemilderten Strenge, aber jedenfalls mit größerer Universalität und Notwendigkeit gestraft wird. [81]

Dem letzten Teil von Foucaults These muss man wohl zustimmen. Zweifellos wird heutzutage mit gemilderter Strenge, aber mit größerer Universalität gestraft. An die Stelle von gewaltsamen Strafmaßnahmen und Vierteilungen gegen Einzeltäter tritt heutzutage die universelle, massenhafte und präventive Überwachung der gesamten Bevölkerung. Die Macht- und Gewaltausübung, auch darin kann man Foucault wohl recht geben, verzichtet inzwischen auf spektakuläre Hinrichtungen und ist erheblich zurückhaltender und subtiler geworden:

> [...] die Perfektion der Macht vermag ihre tatsächliche Ausübung überflüssig zu machen. [82]

Hat er also recht? Sind wir tatsächlich einem zunehmend subtilen Machtapparat ausgeliefert, dessen Machtausübung kaum mehr wahrnehmbar ist? Tatsache ist, dass wir, ohne dass es uns noch auffällt, komplett von der Geburtsurkunde an, über die Schule, die Impfpflicht, die Ausbildung, die Fahrerlaubnis, die Geschwindigkeitsübertretungen, die Zeiten der Arbeit und Erwerbslosigkeit bis zur Rentenzuteilung institutionell registriert, überwacht und verwaltet werden. Selbst Wohnungswechsel sind seit einigen Jahren meldepflichtig. Doch Foucaults Verdacht einer universellen Überwachungsgesellschaft wird noch viel brisanter, wenn man die neuen Möglichkeiten und Praktiken der digitalen Welt einbezieht. Zu Foucaults Zeiten gab es gerade mal erste Videokameras und Straßenblitzgeräte, um Supermarktkunden vom Diebstahl und Autofahrer von Geschwindigkeitsübertretungen abzuhalten.

Wahrscheinlich würde sich Foucault im Grabe umdrehen, wenn er unsere heutige digitale Welt sehen könnte. Ganze Metropolen sind inzwischen videoüberwacht. Wie selbstverständlich werden biometrische Daten erhoben. Gesichtserkennungsprogramme erfassen und lokalisieren unsere Bewegungen. Aus Datenspuren im Netz werden biografische Profile für personalisierte Konsumangebote erstellt. Und genau wie Foucault es vorhergesagt hat, gewöhnen wir uns wie Benthams Gefangene an die panoptische Dimension des Gesehen-Werdens. Mit jedem Einkauf, jeder Google-Suche und jedem Posting machen wir das System noch stärker:

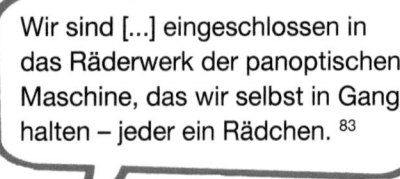

Wir sind [...] eingeschlossen in das Räderwerk der panoptischen Maschine, das wir selbst in Gang halten – jeder ein Rädchen. [83]

Diese panoptische Maschine wird inzwischen auch von Regierungen und Staaten zur Disziplinierung verwendet. So gibt es in China in vielen Städten und Regionen bereits Beobachtungs- und Bewertungssysteme, die jedem Bürger Punkte zuordnen oder abziehen, je nach abweichendem oder vorbildlichem Verhalten. Wer beispielsweise bei Rot über die Ampel geht oder unachtsam einen Pappbecher auf die

Straße wirft, wird mit Hilfe der Gesichtsscannung identifiziert und bekommt Strafpunkte auf sein Konto. Aber auch verspätet bezahlte Rechnungen, das Anschauen pornografischer Inhalte im Internet, kritische Bemerkungen zu Partei und Staat fließen durch die Datenzusammenführung sämtlicher Behörden in die Bewertung mit ein. Wer weniger als 1000 Punkte hat, gilt als „schlechter" Mensch. Die stigmatisierten Bürger stehen unter dem Zwang, durch auffällig vorbildliches Verhalten, ihre Punktzahl zu steigern, um in den Augen der Anderen wieder besser da zu stehen:

Derjenige, welcher der Sichtbarkeit unterworfen ist und dies weiß, übernimmt die Zwangsmittel der Macht und spielt sie gegen sich selber aus; er internalisiert das Machtverhältnis, in welchem er gleichzeitig beide Rollen spielt; er wird zum Prinzip seiner eigenen Unterwerfung. [84]

Tatsächlich halten viele Chinesen das System für sinnvoll, um alle Bürger zu guten Taten anzuhalten. Bereits im Jahr 2014 hat die chinesische Küstenstadt Rongcheng ein sogenanntes „Sozialkreditsystem" eingeführt. Die rund 670.000 Einwohner müssen seither regelmäßig, etwa für eine mögliche Beförderung beim Arbeitgeber oder auch zur Beantragung eines Bankkredits, ihren Punktestand vorweisen. „Ehrliches Shanghai" hieß ein weiteres Pilotprojekt zur lückenlosen Erfassung der Bürger. Inzwischen wird das Punktesystem in ganz China implementiert. Wer aufgrund finanzieller Unregelmäßigkeiten unter einen bestimmten Punktestand sinkt, kann bereits heute kein Schnellbahn- oder Flugticket mehr kaufen. Allein im Jahr 2018 wurde diese Strafe gemäß offiziellen Angaben des Obersten Gerichtshofes rund 6,7 Millionen Mal verhängt. [85] Auch in Deutschland gibt es panoptische Systeme. In einem Pilotprojekt in Hessen tragen Polizisten Schulterkameras, die sämtliche Interaktionen mit Bürgern aufzeichnen, was beide Seiten zu tadellosem Benehmen anhält und die Übergriffe auf Polizisten massiv verringert hat. Foucault würde in solchen Projekten den Triumph der panoptischen Maschine sehen:

Das lückenlose Strafsystem, das [...] alle Augenblicke [...] erfaßt und kontrolliert, wirkt [...] *normend, normierend, normalisierend.* [86]

Man kann Foucault allerdings entgegnen, dass der Zwang zur Normalität ja auch die positive Auswirkung hat, dass Ordnungswidrigkeiten und Straftaten gar nicht erst begangen werden. So hat etwa Bill Gates, der große Pionier des Internets, bereits vor dreißig Jahren die Möglichkeiten digitaler Verbrechensprävention aufgezeigt. In seinem Buch *Der Weg nach vorn* schlägt er vor, dass man für alle Menschen vom Satelliten aus ein versiegeltes Datentagebuch führen könnte, das über einen Sender, etwa im Inneren eines Backenzahns, den Standort und die Bewegung eines jeden Menschen aufzeichnet – ähnlich wie das GPS den Standort von Millionen Autos lokalisiert. Mit einigen zusätzlichen Satelliten wäre es, so Gates, leicht möglich, alle Erdenbürger ausnahmslos zu erfassen. In einem Kriminalfall müsste die Polizei nur nachsehen, wer zum Zeitpunkt des Verbrechens am Tatort war, was zu einem extremen Rückgang der Straftaten führen würde.

Und selbst wenn, was Bill Gates einräumt, einige Bürger aus Datenschutzgründen keine ständige Lokalisierung wünschten, müsse man den Menschen erlauben, auf freiwilliger Basis mit einem Aufzeichnungsgerät ein versiegeltes Tagebuch zu führen. Im Falle einer Strafanzeige könnte man dem Richter oder Staatsanwalt dann den Zugriff erlauben: „Ihr

Wallet-PC wird in der Lage sein, über alles, was Ihnen zustößt, genaueste akustische, zeitliche und geografische Aufzeichnungen zu machen [...]. Jedes Wort, das Sie sagen, und jedes Wort das man an Sie richtet, wird er registrieren, dazu Körpertemperatur, Blutdruck, Luftdruck [...]. Sollte Sie jemand irgendeiner Untat beschuldigen, können Sie erwidern: ,Moment mal! Mein Leben ist dokumentiert.' [...] chiffrierte digitale Markierungen würden die Echtheit garantieren." [87]

Bill Gates verweist auch auf den Kleinstaat Monaco, in dem seit der Videoüberwachung aller Straßen, Geschäfte, Unterführungen und Verkehrsmittel „die Kriminalität praktisch ausgestorben ist". [88] Während Gates also die Chancen der digitalen Erfassung sieht, hat uns Foucault eindringlich vor den Gefahren der panoptischen Überwachung gewarnt. Und – Foucault verrät uns sogar den theoretischen Endpunkt einer solchen Entwicklung:

Der perfekte Disziplinarapparat wäre derjenige, der es einem einzigen Blick ermöglichte, dauernd alles zu sehen. [89]

Die unsichtbare Hand hinter allem: das Dispositiv erkennen!

In einem Interview hat Foucault einmal seine Bücher als Werkzeugkisten bezeichnet:

> Alle meine Bücher [...] sind, wenn Sie so wollen, kleine Werkzeugkisten. Wenn die Leute [...] sich irgendeines Satzes, einer Idee oder einer Analyse wie eines Schraubenziehers [...] bedienen wollen, um die Machtsysteme kurzzuschließen, zu disqualifizieren oder zu zerschlagen, [...] umso besser! [90]

Tatsächlich kann man mit einigen von Foucaults Begriffen arbeiten, wie mit Werkzeugen, auch wenn es vielleicht nicht immer gelingt, „Machtsysteme kurzzuschließen". Der schillerndste Begriff aus Foucaults Werkzeugkasten ist der des „Dispositivs". Das „Dispositiv" steht wie eine unsichtbare Hand hinter allen sichtbaren und empfundenen Zwängen. Es ist das Epizentrum einschränkender und machtvoller Vorgaben und speist sich aus einem Netzwerk von Institutionen, Traditionen und Wissensformationen:

Das Dispositiv selbst ist das Netz, das zwischen diesen Elementen geknüpft werden kann. [91]

Man kann Foucaults Angebot, seine Bücher und Begriffe als Werkzeugkasten zu benützen, als Aufforderung zu folgender Übung verstehen: Findet Dispositive!

Hier ein Beispiel. Wer den Fehler macht und einige Foucault-Bücher mit in den Urlaub nimmt, kommt nach wenigen Tagen nicht mehr umhin, nach dem „Dispositiv des guten Urlaubers" zu fragen. Ein Urlaub ist nämlich keineswegs so harmlos und frei von Zwängen wie allgemein angenommen. Bei genauerer Betrachtung zeigen sich eine Reihe von Imperativen: Man hat sich zu entspannen, zu erholen und dabei spontan zu sein, also in der Gegenwart zu leben und im Augenblick aufzugehen. Das Erreichen solcher Vorgaben wird nicht selten mit digital versandten oder geposteten Fotos dokumentiert.

Um diesen nirgendwo festgeschriebenen, aber vorhandenen Vorgaben entsprechen zu können, werden vom Urlauber bereits im Vorfeld bei der Buchung entsprechende Strukturen geschaffen: Erstens ein vom Arbeitsalltag weit entfernter Ort, etwa eine andere Gegend, ein anderes Land oder die vielbeschworene einsame Insel. Zweitens, ein Zugang zum Meer, drittens eine Unterkunft, in der die startenden und landenden Flugzeuge mit an- und abreisenden Gleichgesinnten auf keinen Fall wahrnehmbar sind, viertens akzeptable Wetter-, Ernährungs-, Schlaf- und Freizeitbedingungen, die der Gelassenheit Vorschub leisten.

Fazit: Ich bin im Urlaub einer Summe von Ansprüchen und Strukturen ausgeliefert, für die ich bezahle und denen ich entsprechen will, um mich zu dem zu machen, was andere und ich selbst von mir verlangen, zu einem „guten Urlauber". Dazu begebe ich mich bewusst und absichtlich in machtvolle touristische Systeme mit entsprechenden Transportkapazitäten, um mich von diesen als entspannten Urlauber konstituieren zu lassen. Aber was steht hinter all dem für ein Dispositiv? Ein Freund hat mir diesbezüglich einen Hinweis gegeben. Er selbst verweigert seit Jahren sehr zum Ärger seiner Freundin jeden Urlaub. Seine Begründung: „Ich schätze mein Leben als Musiker sehr, bedarf keiner Ablenkung, fürchte sie eher." Tatsächlich fahren wohl wir anderen Menschen gerne in den Urlaub, um uns „abzulenken", um der Arbeit, in der wir von unseren Bedürfnissen teilweise oder ganz abgeschnitten sind, für einige Zeit zu entfliehen. Ist das gesuchte Dispositiv des Urlaubs also eine Flucht vor einem Notstand oder eine Antwort darauf?

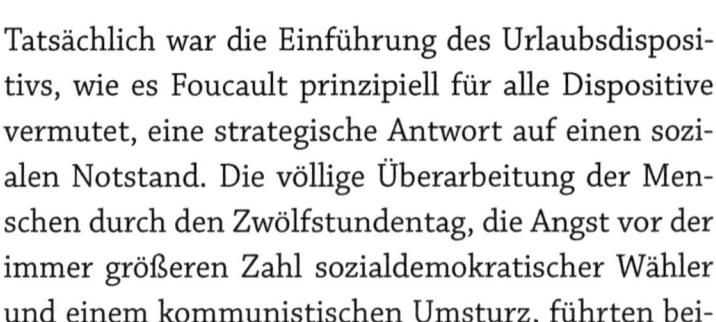

[...] ich (verstehe) unter Dispositiv eine Art von – sagen wir – Formation, deren Hauptfunktion zu einem gegebenen historischen Zeitpunkt darin bestanden hat, auf einen Notstand (urgence) zu antworten. Das Dispositiv hat also eine vorwiegend strategische Funktion. [92]

Tatsächlich war die Einführung des Urlaubsdispositivs, wie es Foucault prinzipiell für alle Dispositive vermutet, eine strategische Antwort auf einen sozialen Notstand. Die völlige Überarbeitung der Menschen durch den Zwölfstundentag, die Angst vor der immer größeren Zahl sozialdemokratischer Wähler und einem kommunistischen Umsturz, führten beispielsweise im Deutschen Kaiserreich zur Einführung des ersten tariflich festgeschriebenen Urlaubs. Man wollte das noch größere Dispositiv der Arbeitsgesellschaft stabilisieren und hat deshalb das Dispositiv des „guten Urlaubers" aufgerichtet und eine „Erholungspflicht" eingeführt. Noch heute steht im Paragraf 8 des deutschen Urlaubsgesetzes, dass eine dem Erholungszweck widersprechende Tätigkeit zu unterlassen ist.

Ergebnis: Das „Dispositiv des guten Urlaubers" mit seiner diskurslogischen Wahrheit der Entspannung und Spontaneität wäre mit Foucault somit als die strategische Antwort auf den Notstand der Entfremdung im Arbeitsleben zu verstehen. Das nicht-gelebte Leben während der Arbeitszeiten muss strategisch durch eine temporär begrenzte Reanimation ausgeglichen werden, um das noch größere Dispositiv der Arbeits- und Leistungsgesellschaft aufrecht zu erhalten. Der im Urlaub empfundene Zwang ist also keine Sinnestäuschung, sondern entspringt der Notwendigkeit eines Feldzuges gegen das eigene nicht-gelebte Leben und wirft die Frage auf, ob es nicht gesünder wäre, nach Möglichkeiten zu suchen, das ganze Jahr über mehr zu leben.

Der Begriff Dispositiv eröffnet uns also viele Möglichkeiten, Situationen zu erklären, die man als

zwanghaft erlebt oder erlebt hat. So haben beispielsweise viele Mütter bis in die 80er Jahre des letzten
Jahrhunderts ihre Kinder gezwungen, täglich einen
Löffel Lebertran zu schlucken. Die unangenehme
Erinnerung an dieses Erlebnis wird vielleicht etwas
versöhnlicher, wenn man sich mit Foucault verge-
genwärtigt, dass die Mütter dies nicht aus Bosheit
getan haben, sondern aufgrund ihrer moralischen
Verpflichtung, das damalige Gesundheits-Dispositiv
einzuhalten, wonach ausschließlich physikalisch me-
dizinische Gaben wie Lebertran die gedeihliche Entwicklung des Kindes sicherstellen. Es war die Zeit der
Medizin-Gläubigkeit, als die Ärzte noch als „Götter
in Weiß" verehrt wurden. Ist so ein Dispositiv aber
erst einmal aufgerichtet, erzeugt es ein eigenes Mi-
lieu, wie uns Foucault am Dispositiv der „Inhaftierung" verdeutlicht:

> Nehmen wir als Beispiel die Inhaftierung, jenes Dispositiv,
> das bewirkt hat, daß zu einem gegebenen Zeitpunkt
> die Maßnahmen der Haft als das wirksamste und

> vernünftigste Instrument erschienen
> sind, das man gegenüber dem
> Phänomen der Kriminalität in
> Anwendung bringen kann.

> Was hat das produziert? Einen Effekt, der im Vorhinein absolut nicht vorgesehen war [...]. Dieser Effekt ist die Konstituierung eines Milieus der Delinquenz [...]. [93]

Durch die massenhafte Inhaftierung der Delinquenten im Gefängnis als Absonderung von den Normalen, wurden erst die zwei unvereinbaren Milieus der Delinquenten und der Normalen geschaffen. Die Nichtinhaftierten definierten sich fortan durch ihre Normerfüllung als die moralisch Guten. Ähnlich wie das Inhaftierungsdispositiv, hat auch das Gesundheitsdispositiv – zumindest in den Köpfen – zwei gesellschaftliche Milieus erzeugt, das der Eltern mit der vorbildlichen Ergänzungsnahrung und das der Ignoranten, was im ersteren Fall zur erzwungenen Einnahme von übelschmeckendem Tran führte. Wenn es gelingt, mit Foucaults Werkzeugkasten kleinere und größere Dispositive zu erkennen, sind sie deshalb natürlich noch nicht beseitigt, aber man beginnt vielleicht über Alternativen nachzudenken:

> Philosophie ist eine Bewegung, mit deren Hilfe man sich [...] von dem freimacht, was für wahr gilt, und nach anderen Spielregeln sucht. [94]

Wenn wir Teil der Diskursstruktur sind, wie sollen wir ausbrechen?

Foucault beschreibt und analysiert pointiert die subtilen Diskurse und Zwangssysteme, die im gesellschaftlichen Zusammenleben den Ton angeben und uns sagen, was gesund und krank, normal oder pervers, moralisch gut oder kriminell ist, was sich noch frei entfalten darf oder im Strafvollzug und therapeutischen Einrichtungen resozialisiert werden muss. Doch am Ende stellt sich die große Frage, was uns Foucault mit seiner Macht- und Diskursanalyse eigentlich sagen will. Geht es ihm nur um die Darstellung dieser Zwangssysteme oder will er eine grundlegende Reform? Wenn ja - wie soll diese aussehen? Können wir unsere Institutionen und unsere

Wissenschaften, die nach Foucault im 17. und 18. Jahrhundert den Ausschluss, die Überwachung und den Zwang hervorgebracht haben, wieder abschaffen oder durch bessere ersetzen?

Darauf gibt uns Foucault keine Antwort. Er kann es auch nicht. Denn damit würde er seinem eigenen Kerngedanken widersprechen. Foucault betont immer wieder, dass prinzipiell jeder Diskurs Ausdruck von Macht und entsprechenden Dispositiven ist. Es kann daher keinen wirklichen Ausbruch aus der vorherrschenden Diskurslogik geben, da wir als Subjekte mit unseren Überzeugungen erst aus dieser Diskurswirklichkeit hervorgehen:

Der Diskurs ist die Gesamtheit erzwungener oder erzwingender Bedeutungen, die die gesellschaftlichen Verhältnisse durchziehen. [95]

Es gibt daher für Foucault auch keine Ideologiekritik, also keine Kritik an manipulierten oder manipulierenden Aussagen. Es macht nämlich keinen Sinn, die von den einzelnen Subjekten in Diskursen geäußerten Aussagen auf ihren ideologisch manipulativen oder umgekehrt ihren wahren wissenschaftlichen Gehalt hin zu untersuchen, um am Ende festzustellen, was daran vielleicht echt oder manipuliert, wahr oder falsch ist. Eine solche Trennungslinie zwischen Manipulation und wissenschaftlicher Wahrheit ließe sich, so Foucault, niemals sauber ziehen, da auch die Wissenschaft selbst oft „unwahren" Wissensformationen folgt:

> Nun glaube ich aber, daß das Problem nicht darin besteht, Unterscheidungen herzustellen zwischen dem, was in einem

> Diskurs [...] von der Wahrheit (abhängt), und dem, was von etwas anderem abhängt, sondern darin, historisch zu sehen, wie Wahrheitswirkungen im Inneren von Diskursen entstehen, die in sich weder wahr noch falsch sind. [96]

Entscheidend ist also, so Foucault, wie im Inneren der jeweils herrschenden Diskurse der Gesellschaft „Wahrheitswirkungen" entstehen, an die alle glauben und an die sich alle halten, unabhängig davon, ob sie gerade mehr oder weniger wahr sind. Wenn beispielsweise im Nationalsozialismus in den Diskursen von Volksgesundheit, unreinem Blut und Rassenkämpfen gesprochen wird, ist es nicht so sehr entscheidend, was daran alles falsch ist, sondern wie es zu dieser fatalen Wissensformation und der alles beherrschenden Diskurswirklichkeit kommen konnte. Und da verweist Foucault darauf, dass die neuen „Disziplinen" der Biologie und der Evolutionstheorie mit ihren Aussagen zu Mutation und Selektion sowie dem Kampf ums Dasein, die gemeinhin als aufgeklärtes Denken gefeiert werden, durchaus ihren Anteil haben:

Die „Aufklärung", welche die Freiheiten entdeckt hat, hat auch die Disziplinen erfunden. [97]

Foucault zeigt uns in immer neuen Anläufen, auf welche Art und Weise das, was von uns gerade als „Wahrheit" anerkannt wird und in den herrschenden Diskursen als sogenanntes sicheres Wissen gilt, in den verschiedenen Epochen erst produziert wurde; Die „Disziplinen" der Biologie, der Psychologie, Ökonomie und anderer Wissenschaften samt ihrer Institutionen produzieren erst das, was dann als wahr gilt.

So gab es etwa im Nationalsozialismus keineswegs nur, wie gemeinhin behauptet, einen Führer, der allein die „Wahrheit" produziert hat, sondern zahlreiche wissenschaftliche Universitätslehrstühle für Rassenkunde, die als fortschrittliche Disziplin der Biologie neues „gesichertes" Wissen über Evolution und Selektion der Völker produzierten. Die Macht der Wissensproduktion ging nicht von einem Diktator, sondern einer ganzen Maschinerie von Professoren und Ärzten, Institutionen und Beamten aus:

[...] die Macht (ist) [...] eine Maschinerie, die funktioniert. [...] Sie produziert Gegenstandsbereiche und Wahrheitsrituale: das Individuum und seine Erkenntnis sind Ergebnisse dieser Produktion. [98]

Auch wir sind heutzutage als Individuen mitsamt unseren Erkenntnissen nur das Ergebnis einer bestimmten Wahrheitsproduktion mit entsprechenden Wahrheitsritualen. Deshalb gibt es auch für uns kein

Entkommen. Jede noch so private Meinung ist vom jeweils herrschenden Macht-Wissen und seinen Dispositiven durchsetzt und letztlich Produkt dieser allgegenwärtigen Struktur:

> [...] im Wahren ist man nur, wenn man den Regeln einer diskursiven „Polizei" gehorcht, die man in jedem seiner Diskurse reaktivieren muss. [99]

Wir müssen uns ehrlich die Tatsache eingestehen, dass alle unsere Meinungsäußerungen einer Diskurspolizei gehorchen, die aus einem Netzwerk von Institutionen, Traditionen und Wissenschaften besteht. Humanistische Verbesserungsvorschläge seien deshalb, so Foucault, eine komplette Illusion und verböten sich von selbst. Der Humanismus spiele als neue Wissensformation der Aufklärung selbst eine fatale Rolle. Denn auch Zwangssysteme wie der Kommunismus und Marxismus gehen, so Foucault, auf den Humanismus und das Ideal der Gleichheit zurück.

Was nutzt uns dann aber Foucaults Analyse, wenn letztlich alles Macht ist und wir Menschen als Subjekte in dieser objektiven Struktur aufgehen? Ein Kritiker hat Foucault einmal vorgeworfen, er hätte zwar „an den Gittern des eisernen Käfigs" gerüttelt, aber „keinerlei Pläne oder Projekte entwickelt, wie der Käfig in etwas verwandelt werden könnte, was einem Heim ähnlich sähe." [100] Tatsächlich finden wir bei Foucault keine Vorschläge für gesellschaftliche Reformen. Dennoch hat er allein durch seine Beschreibungen etwas Wichtiges geleistet. Er hat uns gezeigt, dass die Wahrheiten aller vorherrschenden Diskurse und der dahinterstehenden Dispositive nicht naturgegeben, sondern historisch gewachsen sind. Und das heißt, sie können sich auch wieder ändern. Bei aller Eingebundenheit in die Dispositive bekommen wir, so Foucault, durch die Erkenntnis ihrer Entstehungsgeschichte, zumindest einen ersten Impuls dafür, unsere Denkrahmen zu verschieben. Und genau das ist die eigentliche Aufgabe der Philosophie:

Philosophie ist jene Verschiebung [...] der Denkrahmen [...] und all die Arbeit, die gemacht wird, um anders zu denken, um anderes zu machen und anders zu werden als man ist. [101]

Wir können also trotz aller strukturellen Eingebundenheit in die Wahrheitsproduktion unserer Epoche, anders denken und jemand anderes werden, als wir sind. Damit gibt Foucault seiner Philosophie eine letzte fulminante Wende. Er ist ursprünglich angetreten, um als „Archäologe" eherne Strukturen auszugraben, die unser Leben prägen und im Kern ausmachen. In seinem Spätwerk fordert er uns jetzt auf, diese unumstößlichen Strukturen zu erkennen, ein Stück weit in Frage zu stellen und uns zumindest gedanklich von ihnen frei zu machen. Das wurde oft als inkonsequent kritisiert. Doch gerade diese Inkonsequenz und letzte Wende gibt vielleicht der Philosophie von Foucault die innere Spannung, die sie berühmt gemacht hat. Anstatt systematisch stur am Strukturalismus festzuhalten, ermutigt er uns insbesondere in seinem philosophischen Spätwerk, die Grenzen des eigenen Denkens zu erkennen und zu verschieben.

Foucaults Vermächtnis: das eigene Leben zum Kunstwerk machen

Diese Abkehr beziehungsweise Erweiterung vom rein strukturalistischen Denken hin zu einer emanzipatorischen Philosophie findet sich im zweiten und dritten Teil des mehrbändigen Werkes *Sexualität und Wahrheit* mit den Titeln *Der Gebrauch der Lüste* und *Die Sorge um sich*. Beide Bände erschienen fast gleichzeitig im Jahr 1984. Die letzte Durchsicht dieser Texte nahm Foucault im Pariser Krankenhaus Salpêtrière vor, in dem er wenige Wochen später mit 57 Jahren an der damals unbehandelbaren HIV-Infektion verstarb.

Das grundlegend Neue in seinen späten Büchern war die intensive Auseinandersetzung mit der antiken Ethik und Lebenskunst als „Sorge um sich". Anders als in seinen vorherigen Werken, untersucht Foucault nun nicht mehr nur die historischen Entwicklungen und Strukturen, die unsere heutige Moral prägen, sondern gibt uns einen Hinweis auf die historisch längst vergangene Form des Umgangs mit sich selbst in der Antike. Foucault beschreibt nämlich die Moralvorstellungen und ethischen Verhaltensweisen der alten Griechen und Römer seit dem

4. Jahrhundert vor Christus bis ins 1. und 2. Jahrhundert unserer Zeitrechnung.

Anhand lateinischer und griechischer Texte von Platon, Epikur, Rufus von Ephesos, Musonius, Seneca, Plutarch, Epiktet, Marc Aurel und noch einigen mehr, erforscht Foucault Sittenstrenge und moralisches Verhalten in der griechischen Klassik und der hellenistisch geprägten römischen Kaiserzeit. Sein Ergebnis ist erstaunlich. Er findet bei allen untersuchten Autoren übereinstimmend die Aufforderung, das ethische Verhalten nicht nach Gesetzen und Verboten auszurichten, sondern primär selbstverantwortlich als eine „Sorge um sich" zu praktizieren. Foucault verweist u.a. auf den Stoiker Epiktet:

Die Sorge um sich selber ist für Epiktet ein Pflicht-Privileg, ein Gebot-Geschenk, das uns die Freiheit gewährt, indem es uns anhält, uns selber als Gegenstand aller unserer Bemühung zu nehmen. [102]

Der Philosoph Seneca, so Foucault, sieht dies genauso und betont besonders die Praxis der Lebensführung. Man müsse gemäß Seneca seine Freiheit le-

benslang dafür einzusetzen, „sich selbst zu machen"
und „sich selbst umzubilden":

Seneca [...] (fordert) dazu auf, die Existenz in eine Art permanente Übung zu verwandeln [...]. [103]

Ähnlich wie Epiktet und Seneca, hat auch schon der Hedonist Epikur „die Sorge um sich" in den Mittelpunkt seiner Philosophie gestellt. Obgleich Epikur das Lustprinzip, also die Vermeidung von Unlust und die Suche nach Lust, als Ratgeber für ein gutes Leben ansieht, fordert auch er zu einem gemäßigten Umgang mit den Begierden und zur Höherbildung der Seele auf. Dies gilt auch und gerade für junge Menschen:

Die Beschäftigung mit einem selber ist an kein Alter gebunden. „Für keinen ist es zu früh und für keinen zu spät, sich um die Gesundheit der Seele zu kümmern", sagte bereits Epikur [...]. [104]

Foucault kommt in seinen Studien letztlich zu folgendem Ergebnis:

> [...] ein jeder muß Sorge um sich tragen. Die griechische und griechisch-römische Ethik ist um das Problem der persönlichen Entscheidung zentriert, um eine Ästhetik der Existenz. [105]

Ästhetik ist die „Lehre vom Schönen". Mit „Ästhetik der Existenz" will Foucault ausdrücken, dass die Menschen der Antike ihr Leben als eine Art Gesamtkunstwerk angesehen haben, dem sie eine innere und äußere Schönheit verleihen wollten. Die Griechen und Römer, so Foucault, hatten zwar genau wie wir, Moralvorstellungen hinsichtlich ihrer Lebensweise, ihrer sexuellen Praktiken und ihres Umganges mit der Lust, doch war diese Vorstellung eben nicht, wie heutzutage, durch rigide Gesetze, biblische Gebote oder Kodizes festgelegt:

> Das Prinzip der Regulierung dieser Aktivität [...]
> war nicht durch eine universelle Gesetzgebung
> bestimmt, die die erlaubten und
> verbotenen Akte festgesetzt
> hätte; sondern eher durch die
> Geschicklichkeit, eine Kunst [...]. [106]

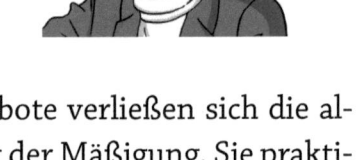

Statt auf Gesetze und Verbote verließen sich die alten Griechen auf die Kunst der Mäßigung. Sie praktizierten die „Ästhetik der Existenz":

> Darunter ist eine Lebensweise zu verstehen, deren
> moralischer Wert nicht auf ihrer Übereinstimmung
> mit einem Verhaltenscode [...] beruht [...]. Durch
> [...] das Verhältnis zum Wahren, von dem
> es sich bestimmen läßt, fügt sich so ein
> Leben in die Erhaltung einer [...] Ordnung
> ein; andererseits empfängt es den Glanz
> einer Schönheit in den Augen derer, die es
> betrachten [...]. [107]

Es ging den Griechen also um das freie und selbstverantwortliche Handeln im Hinblick auf die Wahrheit und Schönheit ihres eigenen Lebens. Tatsächlich war der Gebrauch der Lüste im alten Griechenland weitaus weniger reglementiert als heute. Die gleichgeschlechtliche Liebe unter Männern, Frauen und sogar die pädophile Liebe zu Knaben kannte keine gesetzlichen Einschränkungen. Es oblag der Verantwortung und Mäßigung jedes einzelnen Bürgers, den anderen kein Leid durch unkontrollierte und ausschweifende Lust zuzufügen. Das galt im Geschäftsleben, der Politik, wie auch hinsichtlich der eigenen sexuellen Entfaltung. Da es in der Entscheidungsfreiheit jedes Einzelnen lag, sich selbst zu mäßigen, berichten antike Autoren wie Epiktet von entsprechenden Übungen zur Stärkung dieser Fähigkeit:

Es gab bestimmte Übungen, mit denen die Selbstbeherrschung erworben werden sollte. Man mußte ein schönes Mädchen oder einen schönen

Knaben anschauen können, ohne es oder ihn zu begehren, so Epiktet. Dazu musste man völlig Herr seiner selbst werden. [108]

Wichtig für die antike Lebenskunst war also auch die Askese. Diese bedeutet im eigentlichen griechischen Wortsinn von „Aiskesis" aber nicht nur Enthaltsamkeit, sondern primär „Übung". Zu diesen Übungen gehörte die Erlangung von Tugenden, die Festigung des Charakters, die gesunde Ernährung und die philosophische Übung des Geistes. Denn nur derjenige Mensch, der den Gebrauch seiner Lüste und Bedürfnisse mäßigen kann, ist Herr seiner selbst und kann seinem Leben eine Form geben:

> [...] der Wille, ein moralisches Subjekt zu sein, und die Suche nach einer Ethik der Existenz, bestanden in der Antike vor allem in der Anstrengung, seine Freiheit zu bejahen und dem eigenen Leben eine gewisse Form zu geben [...]. [109]

Die Bejahung der Freiheit, nach seiner eigenen Lebensform zu suchen, ging später im Christentum wieder verloren. An ihre Stelle traten, so Foucault, strenge Gebote. Die Menschen mussten nun nicht mehr selbst entscheiden, was gut und schlecht, schön oder hässlich, ethisch vorbildlich oder verwerflich ist, sondern befolgten stattdessen die Rituale und Regeln der Kirche:

> Von der Antike zum Christentum geht man von einer Moral, die wesentlich Suche nach einer persönlichen Ethik war, über zu einer Moral als Gehorsam gegenüber einem Regelsystem. [110]

Bis heute orientieren sich die Menschen in moralischen Fragen oft am religiös tradierten Kodex:

> [...] man hat nicht das Recht, mit jemanden anderem, als mit seiner Frau geschlechtlich zu verkehren, das ist z.B. ein Element des Kodex. [111]

Auch ist Homosexualität in vielen Ländern der Erde immer noch ein Straftatbestand. Foucault, der selbst homosexuell war, ging es aber weniger um diese oder jene restriktive Einschränkung, als um das antike Modell der Selbstfindung. Da in der Antike keine oder zumindest erheblich weniger Vorgaben für moralisches Handeln existierten, bestand die große Aufgabe darin, seinen eigenen Stil des Lebens zu finden:

> Diese Ausarbeitung seines eigenen Lebens als ein persönliches Kunstwerk [...] stand, wie mir scheint, im Zentrum der moralischen Erfahrung, des Willens zur Moral in der Antike [...]. [112]

So arbeitete beispielsweise der Kyniker Diogenes sein eigenes Leben ganz bewusst als persönliches Kunstwerk aus – als gelebte und radikale Form der Freiheit. Er verzichtete demonstrativ auf Sicherheit, Wohlstand und Familie. Die meiste Zeit des Tages soll er in einem alten, umgekippten Weinfass gelegen haben, das ihm anstelle einer Wohnung als Behausung diente. Glaubt man den überlieferten Anekdoten, stand er manchmal auf einer Leiter an der Begrenzungsmauer des Marktplatzes und erzählte den Bürgern, was er auf der anderen Seite alles sehen würde. Seine Geschichten waren natürlich frei erfunden, hatten aber einen so hohen Unterhaltungswert, dass ihm Lebensmittel und andere Gaben geschenkt wurden. Diogenes war ein Lebenskünstler. Die Bürger von Korinth nannten ihn spöttisch „den Hund", da er wie ein Vierbeiner in einer Tonne schlief und auf dem Marktplatz herumstreunte. Doch Diogenes fand Gefallen an seinem Schimpfnamen. Als ihn der mazedonische König Alexander I. während eines Feldzuges besuchte und ihn mit den Worten begrüßte: „Ich bin Alexander der Große", erwiderte er: „Und ich bin Diogenes der Hund". Gemäß Plutarchs Überlieferung hat ihn Alexander der Große aufgefordert, einen Wunsch zu äußern. Als mächtigster Mann der Welt werde er ihm diesen Wunsch umgehend erfüllen, worauf Diogenes geantwortet haben soll: „Geh mir nur ein wenig aus der Sonne". Diogenes bekannte sich ostentativ zu seinem Lebensstil der Bedürfnislosigkeit und Freiheit.

Aus seinem Leben ein Kunstwerk zu machen, bedeutet aber keineswegs den prinzipiellen Verzicht auf Bedeutung, Machtausübung und gesellschaftliche Verantwortung. So hat umgekehrt der Soldatenkaiser und Stoiker Marc Aurel seinem Leben gerade dadurch eine innere Schönheit gegeben, dass er als Kaiser selbstlos handelte und die letzten zehn Jahre seiner Regentschaft auf Feldzügen asketisch in einem Zelt verbrachte. Es ließen sich zahlreiche weitere Biografien, wie des Hauslehrers Seneca oder des Sklaven Epiktet anführen, die durch ihr Handeln und ihre Haltung eine eigene „Ästhetik der Existenz" entfaltet haben. Dabei verfeinerten und modellierten sie ihre Leben ähnlich wie ein Bildhauer seine Statue oder Plastik:

Das Individuum vollendet sich als Moralsubjekt in der Plastik eines genau bemessenen Verhaltens, das allen sichtbar und eines langen Gedächtnisses würdig ist. [113]

Diese spezielle Art und Weise der Selbstsorge oder auch *Die Sorge um sich*, wie Foucaults Buchtitel heißt, steht letztlich für eine freie und zugleich verantwortungsvolle moralische Haltung, die uns in den nachfolgenden Jahrhunderten völlig verloren gegangen ist:

An dieser Idee [...] interessiert mich [...] die Vorstellung, von der wir jetzt ein wenig entfernt sind, dass das Werk, das das wir zu leisten haben, nicht [...] eine Sache [...] ist, sondern ganz einfach unser Leben, wir selbst. [114]

Dabei geht es Foucault nicht darum, die Griechen und Römer generell zu idealisieren. So wusste er natürlich, dass die freie und selbstverantwortliche Lebensführung damals nur männlichen Bürgern, nicht aber den Frauen oder Sklaven zugestanden wurde. Auch sei die antike Lebenskunst nicht einfach auf heute übertragbar:

Das Rad der Zeit läßt sich nicht zurückdrehen. [115]

Dennoch beschreibt Foucault das antike Modell der „Ästhetik der Existenz" in all seinen Facetten, um uns etwas nahezubringen, das in unserer Zeit verloren gegangen, ja sogar in Verruf geraten ist: Die Lebenskunst. Heutzutage, so Foucault, kommt es uns eher verdächtig vor, wenn jemand „Lebenskünstler" ist. Wir unterstellen intuitiv, dass der Lebenskünstler sich zwar lustvoll seiner kreativen Entfaltung widmet, sich diese Freiheit aber auf unsere Kosten nimmt. Womöglich, so argwöhnen wir, geht er nicht regelmäßig zur Arbeit oder verweigert sich sogar ganz dem Dispositiv der Leistungsgesellschaft und ihren Regeln:

Wir sind geneigt, in der Sorge um sich selbst etwas Unmoralisches zu argwöhnen, ein Mittel, um uns aller denkbaren Regeln zu entheben. [116]

Lebenskünstler und Lebenskunst werden deshalb in der Moderne als etwas Schlimmes und Verdächtiges angesehen. Foucault hingegen sieht gerade im

Akt der moralischen und ästhetischen Selbstbestimmung eine große Chance:

> [...] mich (fasziniert) die Vorstellung, dass die Ethik der Existenz eine starke Struktur geben kann, ohne sich auf ein Rechtswesen, ein Autoritätssystem oder eine Disziplinstruktur beziehen zu müssen. [117]

Foucaults Plädoyer für eine „Ethik der Existenz" wurde natürlich auch viel kritisiert. Es sei unvereinbar mit seinem eigenen strukturalistischen Ansatz und ein Rückfall in die Subjektphilosophie. [118] Der Soziologe und Philosoph Habermas warf ihm sogar vor, dass er einer selbstbezogenen und unpolitischen Lebenshaltung das Wort rede.

Doch Foucault betont an vielen Stellen seiner Textanalysen, dass die antike Ästhetik der Existenz immer auch die Anerkennung des eigenen Handelns durch andere erfordere und somit durchaus eine politische Dimension habe. Foucaults Schüler [119] weisen in diesem Zusammenhang darauf hin, dass beispielsweise auch das schwedische Schulmädchen Greta Thunberg, das beharrlich jeden Freitag den Unterricht schwänzte, um auf den Stufen des Parlamentes für Klimaschutz zu demonstrieren, aus ihrem Leben eine Art Kunstwerk gemacht hat. Als sie zur Weltklimakonferenz nach Amerika im Segelboot reiste, um CO_2 zu vermeiden, stilisierte sie sich im Sinne der „Ästhetik der Existenz", setzte aber eben dadurch ein starkes politisches Zeichen. Lebenskunst könne also durchaus politisch sein.

Doch Foucault befürchtet, dass die Lebenskunst, abgesehen von wenigen Ausnahmen, aus der modernen Welt zunehmend verbannt wird. Heutzutage würde die Kunst meist nur noch im Museum wie in einem Tempel zelebriert und geduldet:

Vor allem fällt mir auf, daß Kunst in unserer Gesellschaft etwas geworden ist, was nur die Gegenstände, nicht aber die Individuen oder das Leben betrifft. [120]

In den Museen schauen wir ehrfürchtig zu den Bildern auf. Experten erklären uns die besondere Ästhetik und das aufregende Leben der großen

Künstler. Wir selbst aber verschwinden unter dem Normalisierungszwang in der Durchschnittlichkeit unserer Existenz. Aber genau das muss nicht sein. Foucault ermutigt uns, die Eingebundenheit in die herrschenden Dispositive und Machtstrukturen zu durchschauen. Er fordert uns auf, die Wissensformationen der Disziplinargesellschaft zu erkennen und in Frage zu stellen. Den Zwang zur Normalität gibt es, er steht uns täglich vor Augen, aber vielleicht ist es an der Zeit, der Vision von Foucault zu folgen und den Respekt abzulegen:

Zitatverzeichnis:

1   Zitat, Foucault, Michel, Überwachen und Strafen, Die Geburt des
    Gefängnisses, Suhrkamp Verlag, übers. von Walter Seitter, Frankfurt
    am Main 1976, S. 279, im Folgenden zitiert als „Überwachen und
    Strafen"
2   Zitat, Foucault, Michel, Gespräch mit Ducio Trombadori, in: Dits
    et Ecrits, Schriften in vier Bänden, hrsg. von Daniel Defert und
    François Ewald, übers. von Michael Bischoff, Hans-Dieter Gondek,
    Hermann Kocyba und Jürgen Schröder, Suhrkamp Verlag, Frankfurt
    am Main 2001-2005, Band 4, S. 52, im Folgenden zitiert als „Dits et
    Ecrits"
3   Zitat, ebenda
4   Zitat, Foucault, Michel, Die Ordnung der Dinge, Eine Archäologie
    der Humanwissenschaften, übers. von Ulrich Köppen, Suhrkamp
    Verlag, Frankfurt am Main 1971, S. 462, im Folgenden zitiert als
    „Ordnung der Dinge"
5   Zitat, Foucault, Die Geburt einer Welt, in: Dits et Ercrits, Band 1, S.
    1002
6   Zitat, Foucault, Michel, Von der Subversion des Wissens, Fischer
    Verlag, Frankfurt am Main 1987, S. 87
7   Zitat, Foucault, Michel Foucault, ‚Die Ordnung der Dinge', (Gespräch
    mit R. Bellour), in: Dits et Ecrits, Band 1, S. 645
8   Zitat, Foucault, Michel Wahnsinn und Gesellschaft,
    Eine Geschichte des Wahns im Zeitalter der Vernunft, übers. von
    Ulrich Köppen, Suhrkamp Verlag, Frankfurt am Main 2018, S. 94, im
    Folgenden zitiert als „Wahnsinn und Gesellschaft"
9   Zitat, ebenda, S. 180
10 Zitat, Foucault, Überwachen und Strafen, S. 259
11 Zitat, ebenda, S. 267
12 Zitat, ebenda, S. 264
13 Zitat, Foucault, Michel Foucault, ‚Die Ordnung der Dinge', (Gespräch
    mit R. Bellour), in: Dits et Ecrits, Band 1, S. 645
14 Zitat, Foucault, Michel, Dispositive der Macht. Michel Foucault über
    Sexualität, Wissen und Wahrheit, übers. von Elke Wehr u. a., Merve
    Verlag, Berlin 1978, S. 51, im Folgenden zitiert als „Dispositive der
    Macht"

15 Zitat, ebenda

16 Zitat, Foucault Michel, Der Wille zum Wissen, Sexualität und Wahrheit Band 1, Suhrkamp Verlag, übers. von Ulrich Raulff und Walter Seitter, Frankfurt am Main 1983, S. 19, im Folgenden zitiert als „Der Wille zum Wissen"

17 Das ursprünglich wohl auf fünf Bände geplante Werk Sexualität und Wahrheit umfasste zunächst nur drei Bände: Der Wille zum Wissen, Der Gebrauch der Lüste und Die Sorge um sich. Der fünfte Band wurde nicht mehr geschrieben und der vierte mit dem Titel Die Geständnisse des Fleisches erst 2018, also fünfunddreißig Jahre nach Foucaults Tod veröffentlicht. Der Grund für die Verzögerung liegt darin, dass Foucault posthume Veröffentlichungen strikt verboten hat und die Erben sich zunächst daranhielten. Tatsächlich fehlt dem Buch die gewissenhafte Überarbeitung. Überschriften wurden nachträglich eingefügt und vieles wiederholt sich. Foucault beschreibt in den Geständnissen des Fleisches Quellen christlicher Autoren vom 2. bis 4. Jahrhundert, die Aussagen darüber machen, wie man mit Sexualität umgehen soll. Es fehlt aber die in seinen Büchern sonst vorgenommene stringente soziologisch philosophische Einordnung. Wenn man eine Hauptthese herauslesen will, dann besteht sie darin, dass durch das Christentum erstmals der Umgang mit der Sexualität zum Kern des menschlichen Subjektes gemacht wurde. Die Selbstprüfung des Subjektes hinsichtlich des gottgewollten asketischen Umgangs mit der Libido steht seit dem Christentum im Mittelpunkt, was bis in die Moderne hinein Spuren hinterlässt. In der Forschung werden aber die von Foucault noch persönlich überarbeiteten ersten 3 Bände von Wahrheit und Sexualität für aussagekräftiger gehalten.

18 Zitat, Foucault, Dispositive der Macht, S. 1

19 Zitat Foucault, Michel Foucault, ‚Die Ordnung der Dinge', (Gespräch mit R. Bellour), in: Dits et Ecrits, Band 1, S. 645

20 Zitat, Foucault, Lacan, der „Befreier" der Psychoanalyse, in: Dits et Ecrits, Band 4, S. 248

21 Zitat, Foucault, Was ist ein Autor? (Vortrag), in: Dits et Ecrits, Band 1, S. 1029

22 Zitat, Foucault, Die Ordnung des Diskurses, Fischer Verlag, Frankfurt am Main 1991, S. 25, im Folgenden zitiert als „Ordnung des Diskurses"

23 Zitat, ebenda, Die Ordnung des Diskurses, S. 10 f.

24 Zitat, Foucault, Michel, Autobiographie, übers. von Thomas Lemke, in: Deutsche Zeitschrift für Philosophie, Zweimonatsschrift der internationalen philosophischen Forschung, Band 42, Heft-Nr. 4, Akademie Verlag, Berlin 1994, S. 699 f.

25 Zitat, Foucault, Der Diskurs darf nicht gehalten werden für..., in: Dits et Ecrits, Band 3, S. 164

26 Zitat, Foucault, Michel, Der Gebrauch der Lüste, Sexualität und Wahrheit, Band 2, übers. von Ulrich Raulff und Walter Seitter, Frankfurt am Main 1989, Suhrkamp Verlag, S. 15, im Folgenden zitiert als „Gebrauch der Lüste"

27 Zitat, ebenda, S. 16

28 Zitat, Wahnsinn und Gesellschaft, S. 67

29 Zitat, ebenda S. 177

30 Zitat, Der Wahnsinn existiert nur in Gesellschaft, Interview mit der Tageszeitung Le Monde, in: Dits et Ecrits, Band 1, S. 236

31 Zitat, Wahnsinn und Gesellschaft, S. 177

32 Zitat, ebenda, S. 39

33 Zitat, ebenda, S. 41

34 Zitat, Foucault, Wahnsinn und Gesellschaft, in: Dits et Ecrits, Band 2, S. 163

35 Zitat, Wahnsinn und Gesellschaft, S. 22 f.

36 Zitat, ebenda, S. 94

37 Zitat, ebenda, S. 399

38 Zitat, ebenda, S. 94

39 Zitat, ebenda, S. 536

40 Zitat, Überwachen und Strafen, S. 9 ff.

41 Zitat, Foucault, Die Wahrheit und die juristischen Formen, in: Dits et Ecrits, Band 2, S. 735

42 Zitat, Überwachen und Strafen, S. 259

43 Zitat, ebenda, S. 260

44 Zitat, ebenda, S. 392 f.

45 Zitat, ebenda, S. 145

46 Zitat, ebenda, S. 188

47 Zitat, ebenda

48 Zitat, ebenda, S. 189

49 Zitat, ebenda, S. 260

50 Zitat, ebenda, S. 279

51 Zitat, Der Wille zum Wissen, S. 94

52 Zitat, ebenda

53 Zitat, Foucault-Handbuch, Leben – Werk – Wirkung, hrsg. von Clemens Kammler, Rolf Parr und Ulrich Johannes Schneider, Metzler Verlag, Stuttgart 2014, S. 238

54 Zitat, Dispositive der Macht, S. 119 f.

55 Zitat, ebenda, S. 120

56 Zitat, Goffman, Erving, Stigma, Über Techniken zur Bewältigung beschädigter Identität, Suhrkamp Verlag, Frankfurt am Main 1975, S. 158

57 Zitat, Dispositive der Macht, S. 119 f.

58 Das auf fünf Bände angelegte Werk hat im französischen Original den Titel Histoire de la sexualité, also Geschichte der Sexualität, was Foucaults Vorhaben entspricht, den Umgang mit der Sexualität über die Jahrhunderte bis heute aufzuzeigen.

59 Zitat, Der Wille zum Wissen, S. 61

60 Zitat, ebenda, S. 15

61 Zitat, ebenda, S. 61 f.

62 Zitat, ebenda, S. 62

63 Zitat, ebenda, S. 63

64 Zitat, ebenda

65 Zitat, Dispositive der Macht, S. 26

66 Zitat, Gespräch mit Madeleine Chapsal, in: Dits et Ecrits, Band 1, S. 664

67 Zitat, Wittgenstein, Ludwig, Tractatus Logico-philosophicus, in: Werksausgabe in 8 Bänden, Band 1, S. 67

68 Zitat, Claude Lévi-Strauss, Mythos und Bedeutung, Suhrkamp Verlag, Frankfurt am Main 1980, S. 15 f.

69 Zitat, Gespräch mit Madeleine Chapsal, in: Dits et Ecrits, Band 1, S. 665

70 Zitat, Foucault, Ordnung der Dinge, S. 213

71 Zitat, ebenda, S. 52

72 Zitat, ebenda, S. 164

73 Zitat, ebenda, S. 262

74 Zitat, ebenda, S. 462

75 Zitat, Foucault, Die Geburt einer Welt, in: Dits et Ecrits, Band 1, S. 1002

76 Zitat, Foucault antwortet Sartre, in: Dits et Ecrits, Band 1, S. 846 f.

77 Zitat, Gespräch mit Madeleine Chapsal, in: Dits et Ecrits, Band 1, S. 665

78 Zitat, Foucault antwortet Sartre, in: Dits et Ecrits, Band 1, S. 847

79 Zitat, Ordnung der Dinge, S. 461

80 Zitat, ebenda, S. 462

81 Zitat, Überwachen und Strafen, S. 104
82 Zitat, ebenda, S. 258
83 Zitat, ebenda, S. 279
84 Zitat, ebenda, S. 260
85 Vgl. Axel Dorloff, Daniel Satra, Auf dem Weg zur totalen Überwachung, Bericht aus dem ARD-Studio Peking, vom 24.03.2019, ausgestrahlt im Deutschlandfunk am 17. April 2018, 12:40
86 Zitat, Überwachen und Strafen, S. 236
87 Zitat, Gates, Bill, Der Weg nach vorn, Hoffman und Campe Verlag, Hamburg 1995, S. 384 f.
88 Zitat, ebenda, S. 388
89 Zitat, Überwachen und Strafen, S. 224
90 Zitat, Von Martern zu den Zellen, in: Dits et Ecrits, Band 2, S. 887 f.
91 Zitat, Dispositive der Macht, S. 120
92 Zitat, ebenda
93 Zitat, ebenda, S. 121
94 Zitat, Foucault, Michel, Von der Freundschaft, Michel Foucault im Gespräch, übers. von Marianne Karbe und Walter Seitter, Merve Verlag, Berlin 1982, S. 22, im Folgenden zitiert als „Von der Freundschaft"
95 Zitat, Der Diskurs darf nicht gehalten werden für..., in: Dits et Ecrits, Band 3, S. 164
96 Zitat, Dispositive der Macht, S. 34
97 Zitat, Überwachen und Strafen, S. 285
98 Zitat, ebenda, S. 229, 250
99 Zitat, Die Ordnung des Diskurses, Fischer Taschenbuch Verlag, Frankfurt am Main 1992, S. 25
100 Zitat, Walzer, Michael, Die einsame Politik des Michel Foucault, in: Walzer, Michael, Zweifel und Einmischung, Frankfurt am Main 1991, S. 286
101 Zitat, Von der Freundschaft, S. 22
102 Zitat, Foucault, Michel, Die Sorge um sich, Sexualität und Wahrheit Band 3, übers. von Ulrich Raulff und Walter Seitter, Suhrkamp Verlag, Frankfurt am Main 2015, S. 66, im Folgenden zitiert als „Sorge um sich"
103 Zitat, ebenda, S. 67
104 Zitat, ebenda
105 Zitat, Von der Freundschaft, S. 78

106 Zitat, Foucault, Michel, Der Gebrauch der Lüste, Sexualität und Wahrheit, Band 2, übers. von Ulrich Raulff und Walter Seitter, Suhrkamp Verlag, Frankfurt am Main 1989, S. 121, im Folgenden zitiert als „Gebrauch der Lüste"

107 Zitat, ebenda, S. 118

108 Zitat, Von der Freundschaft, S. 79

109 Zitat, ebenda, S. 135

110 Zitat, ebenda, S. 136

111 Zitat, ebenda, S. 82

112 Zitat, Foucault, Michel, Eine Ästhetik der Existenz, Schriften zur Lebenskunst, übers. von Michael Bischoff, Ulrike Bokelmann, Hans-Dieter Gondek und Hermann Kocyba, Suhrkamp Verlag, Frankfurt am Main 2007, S. 282, im Folgenden zitiert als „Ästhetik der Existenz"

113 Zitat, Gebrauch der Lüste, S. 120

114 Zitat, Foucault, Ästhetik der Existenz, S. 199

115 Zitat, von der Freundschaft, S. 76

116 Zitat, Foucault, Michel, Rux Martin u.a., Technologien des Selbst, Fischer Taschenbuch Verlag, Frankfurt am Main 1993, S. 31

117 Zitat, Von der Freundschaft, S. 78

118 Henning Ottmann hat in seinem Standardwerk, Geschichte des politischen Denkens dem Kapitel über Foucault die Überschrift gegeben: „Michel Foucault oder Tod und Auferstehung des Subjekts." Mit diesem pointierten Titel wollte Ottmann Foucaults überraschende Kehrtwende vom Strukturalismus zur Subjektphilosophie andeuten. Ottmann resümiert: „In Les mots et les Choses (1966) hat Foucault den Menschen begraben. Er werde, heißt es da, verschwinden, ‚wie am Meeresufer ein Gesicht im Sand'. In seinem Spätwerk, das die antiken Traditionen der Selbstsorge untersucht, steht das Subjekt wieder auf." Zit. Henning Ottmann. Geschichte des politischen Denkens, Band 4, Das 20. Jahrhundert, Metzler Verlag, Stuttgart 2012, S. 259
Noch drastischer formuliert es Habermas. Foucaults „historische Auslöschung des Subjekts (...) endet in heillosem Subjektivismus." Zit. Jürgen Habermas, Der Diskurs der Moderne, Suhrkamp Verlag, Frankfurt am Main 1985, S. 324

119 Vgl. Wilhelm Schmid, Die Lebenskunst ist politisch, Gespräch mit Willhelm Schmid, in: Philosophie Magazin, Sonderausgabe Michel Foucault, Philomagazin Verlag, Berlin 2019, S. 90

120 Zitat, Von der Freundschaft, S. 80

121 Zitat, ebenda

In dieser Reihe erschienen:

Walther Ziegler
Adorno in 60 Minuten
1. Auflage: Oktober 2017
92 Seiten, gebunden, € 16,99
ISBN 978-3-7448-6481-7

Walther Ziegler
Arendt in 60 Minuten
1. Auflage: August 2018
120 Seiten, gebunden, € 16,99
ISBN 978-3-7528-8845-4

Walther Ziegler
Camus in 60 Minuten
1. Auflage: Juli 2015
84 Seiten, gebunden, € 16,99
ISBN 978-3-7386-1437-4

Walther Ziegler
Foucault in 60 Minuten
1. Auflage: Dezember 2019
136 Seiten, gebunden, € 16,99
ISBN 978-3-7504-1276-7

Walther Ziegler
Freud in 60 Minuten
1. Auflage: Juli 2015
96 Seiten, gebunden, € 16,99
ISBN 978-3-7386-1426-8

Walther Ziegler
Habermas in 60 Minuten
1. Auflage: März 2017
128 Seiten, gebunden, € 16,99
ISBN 978-3-7431-8735-1

Walther Ziegler
Hegel in 60 Minuten
1. Auflage: Juli 2015
128 Seiten, gebunden, € 16,99
ISBN 978-3-7386-1058-1

Walther Ziegler
Heidegger in 60 Minuten
1. Auflage: Juli 2015
108 Seiten, gebunden, € 16,99
ISBN 9-7837-3861-413-8

Walther Ziegler
Hobbes in 60 Minuten
1. Auflage: Januar 2019
84 Seiten, gebunden, € 16,99
ISBN 9-7837-4810-128-4

Walther Ziegler
Kant in 60 Minuten
1. Auflage: Juli 2015
144 Seiten, gebunden, € 16,99
ISBN 978-3-7386-1410-7

Walther Ziegler
Marx in 60 Minuten
1. Auflage: Juli 2015
112 Seiten, gebunden, € 16,99
ISBN 978-3-7386-1421-3

Walther Ziegler
Nietzsche in 60 Minuten
1. Auflage: Oktober 2017
157 Seiten, gebunden, € 16,99
ISBN 978-3-7448-6492-3

Walther Ziegler
Rawls in 60 Minuten
1. Auflage: Januar 2018
104 Seiten, gebunden, € 16,99
ISBN 978-3-7528-4913-4

Walther Ziegler
Rousseau in 60 Minuten
1. Auflage: Juli 2015
112 Seiten, gebunden, € 16,99
ISBN 978-3-7386-1428-2

Walther Ziegler
Platon in 60 Minuten
1. Auflage: Juli 2015
112 Seiten, gebunden, € 16,99
ISBN 978-3-7386-2138-9

Walther Ziegler
Popper in 60 Minuten
1. Auflage: Dezember 2019
112 Seiten, gebunden, € 16,99
ISBN 978-3-7504-1275-0

Walther Ziegler
Sartre in 60 Minuten
1. Auflage: Juli 2015
116 Seiten, gebunden, € 16,99
ISBN 978-3-7386-1423-7

Walther Ziegler
Schopenhauer in 60 Minuten
1. Auflage: Dezember 2017
116 Seiten, gebunden, € 16,99
ISBN 978-3-7460-1060-1

Walther Ziegler
Smith in 60 Minuten
1. Auflage: Juli 2015
100 Seiten, gebunden, € 16,99
ISBN 978-3-7386-1439-8

Walther Ziegler
Wittgenstein in 60 Minuten
1. Auflage: April 2018
116 Seiten, gebunden, € 16,99
ISBN 978-3-7460-8227-1

Der Autor:

Dr. Walther Ziegler hat Philosophie, Geschichte und Politik studiert. Als Auslandskorrespondent, Reporter und Nachrichtenchef des Fernsehsenders ProSieben produzierte er Filme auf allen Kontinenten. Seine Reportagen wurden mehrfach preisgekrönt. Seit 2007 bildet er in München junge TV-Journalisten aus und leitet die Medienakademie auf dem Gelände der Bavaria Film, eine Hochschulbildungseinrichtung für Film- und Fernsehstudiengänge. Er ist zugleich Autor zahlreicher philosophischer Bücher. Als langjährigem Journalisten gelingt es ihm, das komplexe Wissen der großen Philosophen spannend und verständlich darzustellen.